U0734199

高速列车乘客座椅工业设计中的
"人—椅"关系

李 娟 著

中国纺织出版社

内容简介

进入 21 世纪以来，高速列车的快速发展为我国经济增长带来了巨大的推动力，人们在享受高速列车带来的时间提速同时，对于乘坐的舒适感也提出了全新的要求，说到高速列车的舒适性，我们不得不对与乘客接触最多的座椅进行研究。本书首先阐述了国内外高速列车座椅设计的基本特点，让大家对高速列车设计的基本情况有所了解，然后从高速列车座椅设计的基本理论、功能、美学原则、功能形态、材料选择等各个方面进行深入研究，注重理论，加强实践。本书的主要针对人群为设计专业的高校学生，亦可作为高速列车座椅研究者的参考用书。

图书在版编目（CIP）数据

高速列车乘客座椅工业设计中的"人—椅"关系／李娟著. －－北京：中国纺织出版社，2019.4
ISBN 978－7－5180－4768－0

Ⅰ. ①高… Ⅱ. ①李… Ⅲ. ①高速列车—座椅—工业设计 Ⅳ. ①U292.91

中国版本图书馆 CIP 数据核字（2018）第 035047 号

责任编辑：武洋洋 责任印制：储志伟

中国纺织出版社出版发行
地址：北京市朝阳区百子湾东里 A407 号楼 邮政编码：100124
销售电话：010－67004422 传真：010－87155801
http：//www.c－textilep.com
E－mail：faxing@c－textilep.com
中国纺织出版社天猫旗舰店
官方微博 http://www.weibo.com/2119887771
北京虎彩文化传播有限公司印制 各地新华书店经销
2019 年 4 月第 1 版第 1 次印刷
开本：710×1000 1/16 印张：13.5
字数：243 千字 定价：62.00 元

前　言

高速列车发展至今，已是高效、安全、舒适的代名词，它不仅是一种载客运输的交通工具，更是一种快捷、舒适的旅行文化。人们对高速列车的诉求超越了功能实用主义，越来越多地关注到乘坐环境的舒适性、宜人性等人文内涵。高速列车乘客座椅是与乘客接触最多、应用最广的车内设施，也是体现列车品质、提升乘坐舒适度的重要载体[1]。高速列车乘客座椅因其独特的使用环境、复杂多元的消费群体等特征而具有区别于其他类型座椅的设计原则和设计方法。

工业设计师在实际设计实践中，除了关注座椅的人体几何参数外，还关注乘客在旅行过程中的优质乘坐服务、合理功能配置，美观舒适的造型和布局、符合广大乘客审美要求的色彩纹案等工业设计因素。本书从舒适度理论和工业设计角度，系统地分析影响高速列车座椅舒适度的工业设计因素，包括功能配置、美学设计、人机尺度、"人—椅"界面的功能形态和材料选型。第一章从功能、美学设计、理念等角度阐述国内外经典车型乘客座椅设计的特点；第二章综述座椅舒适度的相关理论及主流评价方法，分析目前国内外轨道车辆座椅舒适度研究现状及存在的问题；第三章通过调研分析构建乘客需求与功能配置模型，提出高速列车座椅功能配置及布局设计建议；第四章阐述座椅美学设计表现手法对视觉体验、风格文化和品牌理念的作用，并举例说明视觉跟踪技术和感性工学技术在高速列车座椅美学设计评价中的应用方法；第五章通过实验研究的方法，得出人机尺度关系优化设计和"人—椅"接触面的曲面形态舒适性设计建议，分别为适用于大群体和小群体的座椅人机几何参数、头枕和腰靠的优化尺度关系、静态乘坐及长期乘坐条件下提升舒适度的座椅曲面形态的设计参考建议；第六章提出座椅蒙面材料及内部填充材料选型的要点和原则。希望本书能为我国高速列车座椅舒适性设计和生产制造提供参考建议。

本书的完成得到了西华大学重点科研基金资助（项目名称：长期坐姿

条件下的座椅造型形面舒适性设计研究，编号：ZW1623119）以及四川省社会科学重点研究基地项目（项目名称：基于久坐疲劳反馈信息的"人—椅"接触面形态优化设计研究，编号：GY‑16YB‑03）的资助。

由于作者水平有限，书中难免会有疏漏和不妥之处，敬请读者批评指正。

编者

2018 年 11 月

目　录

第1章 国内外高速列车乘客座椅设计的特点

1.1 高速列车乘客座椅工业设计因素

乘客座椅舒适度的影响因素复杂，可从人—座椅—环境三个角度解析。如图1-1所示，座椅综合舒适度受人本因素、座椅及环境这三方面因素共同作用的影响。其中人本影响因素包括乘客的身体状况、情绪、期望值、教育程度等；座椅因素包括功能设置、人机尺度、形状、材料等；环境因素主要是指车辆环境因素，包括运行状况、振动、噪声、温湿度等。人本因素跟乘客自身的特征有关，是设计活动中无法控制的因素，座椅和环境因素则可通过优良的设计来改善、提升舒适度状况。座椅因素主要涉及的是座椅工业设计活动中的可控制因素，环境则为车辆设计范畴中的可控因素。

然而座椅因素和环境因素这些物理量的控制和设计是要考虑到人的生理特征和心理需求的。例如，座椅的功能配置由乘客的生理需求及行为需求所决定，座椅的美学设计需要满足大部分乘客的审美倾向或者心理诉求等。

在影响高速列车乘客座椅设计的诸多因素中，如功能设置、布局、造型、人机学要素、色彩及表面材料选型等属于设计的内部因素；乘客的心理需求、行为认知、审美经验、文化背景等属于影响座椅设计的外部因素，这些内部与外部因素之间存在着相互作用相互影响的关系。如图1-2所示为高速列车座椅设计内、外因素及其之间的相互作用关系模型。内部系统中的功能配置、材料、人机尺度、美学设计影响座椅的最终形态，外部系统因素中主要包括乘客的生理特征、心理需求、个性特征等影响着座椅设计的内部因素，例如乘客在旅途中的生理需求和行为认知特征影响座椅的功能配置等。

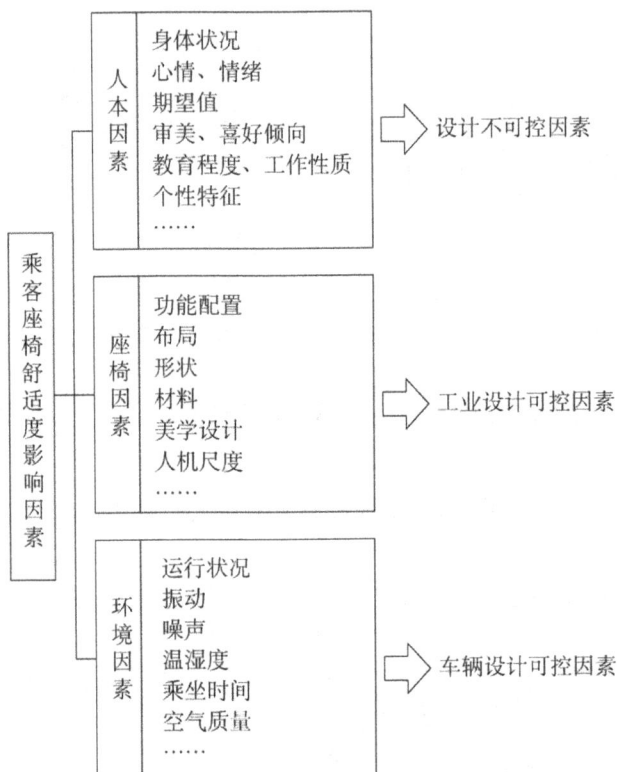

图 1-1　乘客座椅舒适度影响因素

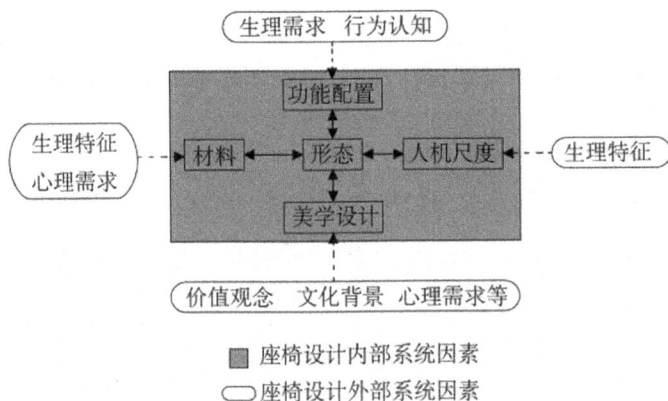

图 1-2　高速列车座椅设计内外系统因素

本书的研究范畴界定为：考虑人的生理特征及心理需求，在功能配置、美学设计、功能形态和材料选型等工业设计可控范畴内，研究高速列车"乘客—座椅"界面的舒适度，提出避免不舒适和提升座椅舒适度的设计建议，为高速列车乘客座椅的设计和制造提供参考。

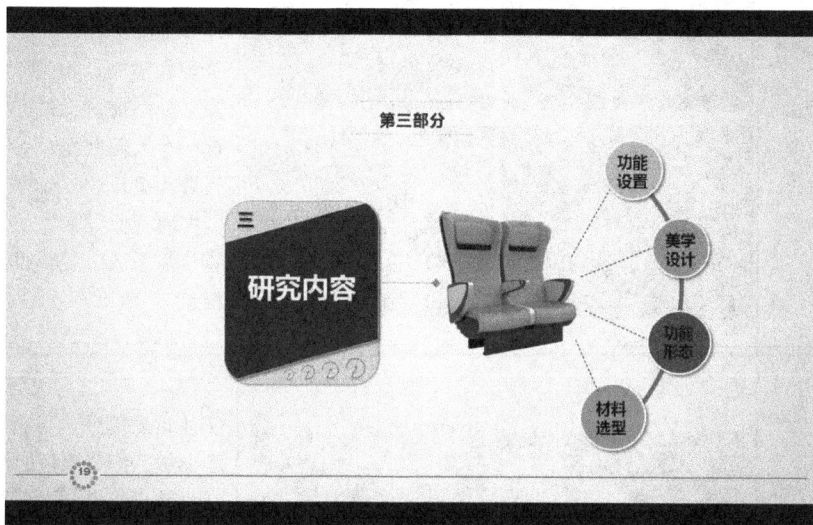

图 1-3　高速列车乘客座椅工业设计因素

1.2　国外高速列车座椅设计

在国外享誉世界的高速列车主要车型有德国的 ICE 系列、法国 TGV系列以及日本的新干线系列高速列车，以下是从座椅功能、美学设计和设计理念三方面来对这三个系列车型中乘客座椅工业设计的概述。

1.2.1　座椅功能

座椅为乘客在旅行过程中提供相对独立的个人空间，这些座椅设施体现着方便乘客，处处为乘客着想的设计理念，从细微之处体现对乘客的尊重。通常这些设施包括小桌板、扶手、书报夹、阅读灯、用于放置眼镜和小型私人用品的个人储物空间、脚踏板以及座椅内置电源、音像设施、座位信息提示、娱乐设施等。

表 1-1　国外高速列车座椅功能及其附属设施对比

车系	座椅附属设施	特点
德国 ICE		①体现"功能决定形式、形式服从功能"的设计理念 ②理性主义，不失人情味，如座椅背后的小电视、个人储物空间、可折叠小桌板、脚踏等 ③配有音像设施 ④信息系统，提供即时信息。
法国 TGV		①注重功能性，可折叠小桌板，设置水杯凹槽 ②棋牌桌，提升娱乐性 ③座位信息提示、非侵扰阅读灯、挂钩、插座等设施注重细节设计 ④大件行李存放架放置身后，方便存放与保管 ⑤二等车增大腿部空间。
日本 800系		①设置独立的木质扶手 ②私人物品放置空间与小桌板的设计体现了极简风格 ③座椅包括其椅背、扶手、折叠小桌全都是以樟木（Camphor Laurel，日文中称为"楠木"）材质制造，追求轻量化。

从西方与东方高速列车座椅功能设计的对比中可以得知：

西方：强调功能设施的齐全，以乘坐舒适度的好坏为最终标准。

东方：日本由于国家人口密度较大，在功能设施设计上讲究精简，最大化为整车乘客考虑，以提高整体的乘坐舒适度为出发点。

1.2.2　美学设计

因各个国家地域环境与人文环境的不同，从而产生了各自的设计风格。既有简洁和纯朴的设计，也有丰富的、曲线的、装饰的、创造性的时尚设计。

表 1-2　国外高速列车内室整体设计风格对比

车系	内室设计	风格特点
德国ICE		① 体现理性、严谨的设计传统； ② 色彩基调质朴、稳重，造型严谨工整。
法国TGV		①现代简约、奢华时尚之风； ②造型简洁，色彩大胆、丰富，有很强的浪漫主义色彩； ③商务车使用温和含蓄的淡灰和淡绿座椅，营造出优雅宁静的氛围；经济车厢使用深红座椅，显得明快、时尚。
日本800系		①色调朴素自然；造型崇尚简洁、雅致； ②浅色为主，极少使用大面积的鲜艳色，色彩对比较少； ③喜爱自然风格。

由此三个国家高速列车座椅整体风格设计对比分析可知：

在整体设计风格上，西方追求严谨奔放之美、东方则有含蓄之美。

德国：提出统一、标准化的理性审美标准，强调个性服从整体的设计思路。

法国：设计夸张、绚丽，基调奢华时尚。

日本：极简主义，崇尚自然和谐，体现东方的含蓄内敛。

1.2.3 设计理念

德国 ICE 追求精细和严谨，崇尚理性和逻辑，对于设计中的每一个细节都有着严谨的考究，如在列车中各类设施均有明显的提示标志帮助和指导乘客做出正确的行为。德国是包豪斯和现代工业设计的发源地，奠定了诸如"功能决定形式、形式服从功能"等现代工业设计通用原则。因此，德国高速列车的内饰设计从造型形式上看，通常采用基本形态元素为中心，形成系统化、简单化和模块化的形式，但从整体设计风格上看，又不失人情味，加上与细节设计的系列搭配，体现出一种内在的科技感和秩序感。

表 1 - 3　德国 ICE 乘客座椅

车型	座椅图片	车型	座椅图片
ICE1		ICE2	
ICE3		ICET	

法国在艺术发展史上作为巴洛克风格、洛可可风格的重要发源地以及近现代的工艺美术运动、新艺术运动和装饰艺术运动等都对后来的法国奢侈主义消费文化的发展形成了重要的影响，直到今天，法国众多品牌的香水、时装以及 LV 包仍然是奢侈、时尚的代名词。法国高速列车内室设计至今仍然保持着装饰艺术运动中这种强烈而鲜明的设计特征，比如使用高

纯度的颜色与对比色，特别重视强烈的原色与金属色彩，其中常见鲜红、鲜黄、鲜蓝、橘红和金属色系列，包括古铜、金、银等色彩，强调采用豪华与昂贵的材料，设计夸张效果特殊的造型，给人以强烈的视觉冲击力。

表 1-4　法国 TGV 及 AGV 乘客座椅

车型	座椅图片	车型	座椅图片
TGV - A		TGV - R	
TGV - D		AGV	

日本的传统文化的基础是大众的而非贵族的，古代日本思想深受中国哲学的影响以及对佛教禅宗的信仰，从而形成简朴、单纯、自然的文化。促使设计崇尚简洁、雅致。但 20 世纪 50 年代后期，日本经济、社会和设计观念受到美国、德国、意大利的影响，逐渐发展出了特有的现代与传统双轨并行的设计风格。因此，综观日本新干线高速列车内室设计，可以看到传统与现代两种特征的融合。不论何种色彩或造型，始终追求精炼的美学高度，由此逐渐形成了强调紧凑细致的高速列车内室设计的特征。座椅色彩一般纯度较低，色调较柔和，有自然和谐之感，但由于内室空间过度利用，颇有狭窄、拥挤之感。

表 1-5　日本新干线乘客座椅

车型	座椅图片	车型	座椅图片
400 系		E4 系	

(续表)

车型	座椅图片	车型	座椅图片
700 系		800 系	

1.3　中国高速列车座椅设计

1.3.1　CRH1 型车座椅

CRH1 型车的一等座椅排布方式为 2 + 2 模式，座椅可按照面对面或者面对背的布置方式调节。一等座车座椅宽度为 500mm，座椅前后间距为 970mm，每个座椅两侧均设置有扶手。座椅靠背倾斜度可调整。座椅靠背后设置有供后排乘客使用的可折叠的小桌板、杂志网兜、踏脚板。

二等车座椅采用容纳乘客更多的 2 + 3 模式。二等车座椅宽度为 450mm，座椅前后间距为 900mm，不设扶手，座椅靠背倾斜度不可调，座椅靠背后方设置有供后面乘客使用的可折叠小桌板、杂志网兜、踏脚板，座椅朝向是固定的。CRH1 型车经过改进设计以后，在保留座椅原造型的基础上，也增加了旋转机构，让座椅可以 180°旋转。

图 1 - 4　CRH1 型车一等座椅　　　　图 1 - 5　CRH1 型车二等座椅

1.3.2　CRH2 型车座椅

一等车客室为 2 + 2 座椅布置形式，座间距为 1060mm，过道宽度为

600mm。座椅脚踏为背面弹动、转动翻出方式，端部座椅的脚踏和杂物兜安装在客室端部墙壁上。座椅侧扶手设有内置式的可折叠小桌。一等车和二等车的座椅采用旋转180°的结构，使乘客总是可以面对车辆行驶方向乘坐，这种结构充分体现了人性化设计，提高了乘坐的舒适度。座椅靠背从8°到30°任意角度可轻松调节和锁定，而且保证靠背的倾斜不会干扰后面乘客的活动空间。二等车座椅采用2+3座椅布置形式，座间距为980mm，过道宽度为600mm。二等坐车座椅尺寸设计比较紧凑，各座椅都设有供乘客使用的小桌板，且侧窗窗台设有放置小物件的台面。

图 1-6　CRH2 型车一等座椅

图 1-7　CRH2 型车二等座椅

1.3.3　CRH3 型车座椅

CRH3 型动车组客室设置一、二等车座椅和观光区座椅。为保证乘客始终面朝列车行驶方向，除了餐车以外其他各车座椅设有转向机构，提高乘客乘坐的舒适性。一等车为2+2布置方式，二等车为2+3模式，头车观光区设2+2模式的一等座椅。一、二等座椅靠背倾斜角度可在0°~25°之间连续调节。一等座椅扶手是固定的，二等座椅两端扶手是固定的，中间是活动的。所有旋转座椅靠背后面都设有杂志网兜，而且一等座椅设有扶手、折叠桌和头枕，另外，一等座椅还布置了可调节的脚踏和音频设备。

图 1-8　CRH3 型车一等座椅

图 1-9　CRH3 型车二等座椅

1.3.4　CRH380A 型车座椅

CRH380A 型车整车的客室空间根据乘客不同层次的需求分为 VIP 客室、一等客室、二等客室三种形式。VIP 客室概念设计以高端、舒适为出发点，空间宽敞，座椅布置为 2 + 1 形式，座椅间距满足乘客平躺通过，每排座椅对应一个窗户。VIP 座椅设计可旋转 180°并集成小桌板、小电视、阅读灯、插座、耳机、私密罩、控制面板、呼叫功能，靠背、坐垫、扶手乘客可随意地进行调节。座椅的外包壳设计为背部全包的形式，以满足乘客的私密性要求，并将扶手、书报夹、小阅读灯集成设计在外包壳内，小电视、小桌板采用折叠的结构设计隐藏于扶手内，乘客需要时可自行抽出使用。座椅可根据乘客坐 – 半躺 – 平躺的休息需要进行调节，蒙面布使用透气的红色皮革面料，以彰显档次。

一等、二等座椅是在 CRH2 原有的座椅基础上进行色彩及蒙面材料优化设计。一等客室座椅布置采用 2 + 2 的形式，二等客室座椅布置采用 2 + 3 的形式。座椅结构可根据行车方向进行调节旋转 180°。一等座椅比二等座椅较宽，附属功能设施有扶手、小桌板、书报袋、脚踏，蒙面颜色使用与 VIP 座椅蒙面色彩相统一红色。二等座椅的附属功能设施有扶手、小桌板、书报袋，并设计在座椅靠背背部，供后排乘客使用。座椅蒙面图案设计为素雅的湖蓝底色点纹图案。

图 1 – 10　CRH380A 型车 VIP 座椅

图 1 - 11　CRH380A 型车一等座椅　　图 1 - 12 CRH380A 型车二等座椅

我国高速列车车系中的以上四种车型都采用了旋转座椅，乘客可凭自己的喜好调整座椅朝向，所有座椅都可朝向一方，改变了传统乘客列车有部分乘客必须长时间背向行驶方向而坐的方式，提升了乘客乘坐的舒适度。从各车型一等和二等座椅的对比情况来看，一等座椅除了在人机尺度上比二等座椅舒适性更高以外，在服务功能上也与二等座椅相比数量较多，二等车为了满足更大的载客量，因此座椅相应地减少了部分服务设施，以节约更多的乘坐空间。

国内现有列车座椅功能设施都能满足乘坐的基本需求，但大多都是一些必备的基本功能。许多提升服务品质的功能还不具备，比如阅读灯、电源、网络设备和个人娱乐设备等。为乘客提供人性化、高效舒适的乘坐环境，满足乘客更高的精神文化需求等，应提供更多的个性化服务设施，这是未来高铁乘坐舒适度的一个重要的发展方向。

第2章 座椅舒适性设计理论

随着人们物质生活水平的提高，舒适性已成为提升产品附加值以及市场竞争力的重要因素之一，在产品设计中占有重要的地位[2]，国内外相关学者越来越关注舒适度课题的研究。在许多人机工程学文献中关于产品终端用户舒适度问题的研究，探讨最多的产品就是座椅[3]、[4]。研究领域大部分侧重在办公座椅、汽车驾驶座椅、公共交通工具的乘客座椅、轮椅、拖拉机军用车等驾驶座椅或其他操作座椅。

乘客对于轨道车辆的乘坐需求和价值观趋于多样化，出行选择乘坐的交通工具，希望是安全、快捷、舒适的，能够拥有一个轻松愉快的旅途生活。轨道车辆作为人们外出旅行的重要交通工具和活动场所，其舒适程度直接影响到人们的旅行感受[5]。为增强轨道车辆的消费吸引力及市场竞争力，对列车舒适度展开研究将是重要的课题。

乘客座椅是车内乘客界面的重要组成部分，座椅舒适度是影响整车乘坐舒适度的重要指标[6]。铃木、浩明等[7]的研究表明：对整车乘坐舒适度的重要影响因素排序依次为振动、座间距、座席舒适度、座椅尺寸。肖艳荣[8]提出，在运行的车厢内长时间停留，会使乘客疲劳和心情烦躁。提供比较舒适和功能齐全的座椅可以帮助人们解除疲劳和缓解急躁情绪。尤其随着铁路客车的提速，座椅的舒适性显得更加重要。陈祥[9]分析日、法、德等国高速列车发展历史，其经验表明列车在安全提速之后更需要强化舒适度问题的研究，不舒适的乘坐环境与设施条件不仅会带来客车服务水平发展的停滞和客运市场的下滑，还会引发乘车过程中乘客脊柱骨骼、消化和心血管系统等不适或病痛的产生。有关轨道车辆座椅舒适度的研究正在成为国内外研究的热点问题。

然而，舒适度是人的一种主观感受，存在个体差异、影响因子复杂、界限模糊等诸多问题，目前还没有明确的界限或阈值去定性或定量地评定某个产品的舒适程度。关于舒适度和不舒适度的概念一直存在着争议，还没有一个被广泛认可的定义[10]~[12]。但存在共识：认为舒适和不舒适实质上是人的一种感觉（知觉）或情绪（情感）的反映。也有学者提出相关理论模型，对舒适度和不舒适度的定义和潜在影响因素及其相互关系进行了预设性的分析[13]、[14]。以下是对有关座椅舒适度及不舒适度的概念及理论模型进行综述，阐述目前有关舒适度问题的相关理论及主流评价方法，分析目前国内外轨道车辆座椅舒适度研究现状及存在的问题，并探讨未来的研究方向。

2.1　概念及理论模型

2.1.1　舒适度概念

新华词典解释"舒适"同"舒服"。韦氏词典对"舒适"的定义为一种轻松（Relief）、鼓励（Encouragement）和愉快享受（Enjoyment）的状态或感觉。美国冷冻空调协会（ASHRAE）对"舒适"的定义是：人对周围环境状况感到满足。Slater[15]认为舒适度是人与所处环境的一种生理学、心理学上身心和谐、舒适的、令人愉快的状态。Richard[18]强调舒适度是人主观上对处于某种环境或状况下反映出的一种幸福健康快乐的感觉。罗仕鉴[16]分析认为，舒适本身就是一种主观感受，它汇集了使用者在不同的工作环境、时间长短以及不同任务所造成的不同程度的舒适感觉。舒适的感觉是结合生理与心理两者之间经验的感知。陈祥[9]认为舒适度反映的是人体两个方面的状态。第一，人体生理机制处于舒展、舒服状态；第二，人的心理知觉表现为适应、合适，内心要求得以满足。并推理舒适度评价存在五种可能状况：生理心理均痛苦、生理无痛苦心理痛苦、生理痛苦心理无痛苦、生理心理均无痛苦、身心愉快。De Looze[14]提出舒适度三个值得肯定的含义：①舒适度是个人内在的一种主观感受。②舒适度受不同性质的因素影响（物理的、生理的、心理的）。③舒适度是对环境的一种反应。

部分文献针对"不舒适"概念进行了论述。Coreltt[17]认为舒适度为身体各部位的感觉综合。当人体感觉到平衡时，则可称之为舒适；若一旦感觉因外在因素而分散时，则可认为有不舒适的感觉产生。Shen[18]等认为，不舒适性是当人们的生理平衡或心理健康或两者都受到不利影响时产生的一般的和主观的感受。

还有一些文献的讨论侧重于舒适度和不舒适度的关系。部分学者认为舒适度可以确定为两种不相关联的状态，即"存在舒适"和"存在不舒适"。舒适可以简单地定义为没有不舒适的状况，相反也一样，有无不舒适的体验是决定舒适性的根本性指标[19]。也就是说座椅设计师的最终目标是剔除不舒适的因素，使用户没有不舒适的感觉[12]。

与此相反，还有一些学者认为舒适度和不舒适度是一个连续量表上的两个临界点，从极度不舒适到适中再到极其舒适[3]。基于此，人们可以根据自己的主观感觉本能地从非常舒适到非常不舒适的量表中区分出舒适的等级[10]。因此主观评价量表较为广泛地应用在舒适度评价中。

文献［20］、［21］认为舒适和不舒适受清晰的、不同因素的影响。Zhang[22]等为明确影响舒适度的因素，采用不同描述舒适和不舒适的词汇来设计多维量表，进行问卷调查，通过因子分析、聚类分析，得出舒适和不舒适是基于独立因素的；不舒适的感觉与疼痛（Pain）、疲劳（Tiredness）、痛苦（Soreness）和麻痹（Numbness）有关，这些感觉都是由于人体部位受到束缚等生理因素所引起的，例如关节角度的变化、组织压力、肌肉收缩和血液循环受阻等。舒适则是轻松（Relaxation）和幸福安乐（Well-being）的感觉。Helander等[13]提出当不舒适的因素存在时，舒适因素就会成为次要的从属性因素。因此可以用两种策略来提升舒适度，第一是减少不舒适度，第二是增强舒适度。

2.1.2 理论模型

Helander等[13]建立了座椅舒适度与不舒适度的概念模型，如图2-1所示。该模型中提出舒适跟幸福安乐的感觉以及豪华的美学设计有关，不舒适与较差的生物学特征以及疲劳有关。假设舒适的感觉存在，那么不舒适度的指标值相对较低，相反，极大的不舒适则表示舒适度较低。

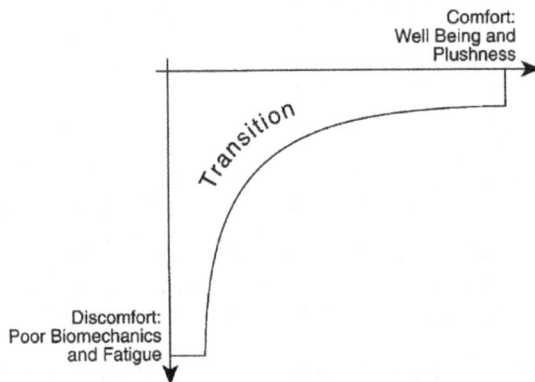

图2-1 乘坐舒适度与不舒适度概念模型

De looze 等[14]建立了座椅舒适度和不舒适度及其潜在因素关系的理论模型，如图 2-2 所示。该模型从人—椅—环境三个层次解释影响舒适度和不舒适度。模型左侧为不舒适度及其影响因素，座椅自身物理属性、所处环境的物理属性及其任务特征共同作用与人，所造成的外在负荷即外部暴露因素（External exposure），引起内部状态（Internal dose）的变化，如肌肉活动、脊椎负荷、体温升高等。这些内部状态的变化通过人体各个感觉器官所感知，经过大脑的信息加工，最终表现为人体不舒适的反应（疼痛、困乏、麻痹和痛苦的感觉）。这些外部因素作用导致的内部变化及其感官反应跟人的体能特征（Physical capacity）有关。模型右侧为舒适度及其影响因素关系，所处背景的物理环境（Physical environment）、任务特征（Task）以及像工作生活满意度、社会支持等这样的心理社会应激因素（Psycho - social factors）、座椅的物理属性以及美学设计（Aesthetic design）、人的个体期望值[23]及其情感共同作用产生舒适感觉（放松、幸福）的反应。De looze 等[14]强调模型中从左（不舒适度）到右（舒适度）的两个箭头是不可逆的，不舒适度的客观测量比舒适度的评价更客观一些。因为影响不舒适度因素的外在表现形式的客观观察及测量更直接一些。

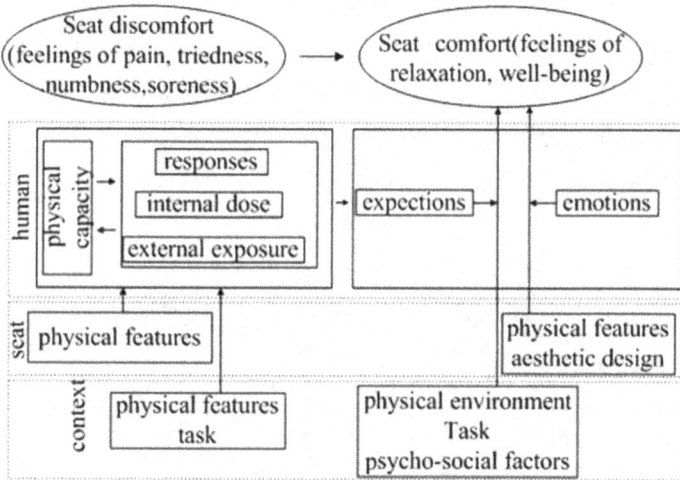

图 2-2　人—椅—环境层次下的舒适度与不舒适度理论模型

纵观先前的研究文献，论述舒适度与不舒适度概念的关键词有：主观感受、身心和谐、轻松愉快、疲劳痛苦、外部刺激、人—机—环境。对于座椅舒适度的概念可以界定为：人乘坐座椅时，在座椅与周边环境的各种外部因素（座椅与环境的物理属性）作用下，是否存在不舒适的反应以及人所感受到的舒适程度。对舒适度的研究应该包含舒适以及不舒适两方面的内容。对于应用性的研究来说，其方法应该是在剔除不舒适因素的基础上，提升舒适度。不舒适的研究适合采用生物学设备对人体相应的生理指标进行测量，结合人的主观感受，客观的分析不舒适因素。而舒适程度评价存在个体差异，难以明确的、绝对的用物理或生理指标等界定舒适度的级别或阈值，因此舒适度的研究更适用于比较性的研究，在同样的使用环境下，同样的被试群体，对比评价不同物理属性的座椅舒适度。

2.1.3　乘坐舒适度与座椅舒适度

乘坐舒适度和座椅舒适度，从字面上看，两个概念容易产生混淆，乘坐舒适度容易理解为座椅的舒适度，因此有必要对这两个概念进行界定。

乘坐舒适度是指用户在全程乘坐过程中，对车辆各项软硬条件（运行状况、空间环境、服务设施等）的综合舒适度评价，也称乘坐综合舒适度[24,25]、列车舒适度[7]。乘坐舒适度受诸多动态或静态的物理量所影响，如振动、噪声、气压、速度等动态物理量以及空间尺度、座间距、色彩等静态物理量。

座椅舒适度是指用户对座椅本身各项物理属性的舒适度评价。如座椅尺度、座间距、布局、功能配置、操作方式、坐垫软硬度透气性、表面材料触感、造型色彩美学设计等。座椅是乘客接触最多、使用最久的功能设施，因此座椅舒适度是列车乘坐舒适度的重要影响指标之一，相对乘坐舒适度是微观的概念。如图2-3所示。

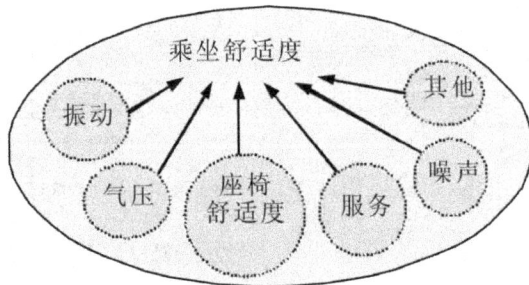

图2-3　乘坐舒适度与座椅舒适度概念示意图

2.2　座椅舒适度评价方法及研究现状综述

座椅舒适度和不舒适度的评价方法分为主观评价法和客观评价法两类。在实际应用过程中，通常会主、客观两种评价方法相结合的研究舒适度问题或者分析相应的客观测量指标与主观舒适度评价的关联度[26]。

主观评价法，也称心理评价法[15]，是让被试者根据自己的舒适程度感受，采用量表或问卷的形式打分或描述，最后通过数学统计分析得出舒适度评价。Annett[27]指出主观测试具有预测效度，带有主观性的人类判断实际上是有序的，且能够与带有间隔的量表相匹配，多变量分析的统计学方法已成功地对其进行了验证。杨钟亮等[28]提出主观测试是坐姿舒适性测试中不可缺少的重要环节。但该方法操作过程中也存在一些问题。量表及问卷如果考虑不周或者不完整，对评测结果影响较大，虽然可采用自由叙述的方式，但数据处理需要时间，且难以定量分析。另外被试群体的体征以及理解尺度有所不同，在评价过程中需考虑个体差异的问题。

客观评价法也称生理评价法、物理评价法。该方法是借助外部设备测量被试相应身体部位的生理指标及物理指标，通过分析可间接的、客观地反映出舒适度情况。例如，心率、呼吸节拍、脑电波、肌电、眼电、胃肠电、血压、肌张力、体温、神经电位、体压分布、坐姿观测等生理指标，振动吸收功率、温湿度、表面粗糙度、材料挠度软硬度等物理指标。该方法对于不舒适的评价，剔除不良的生物学因素具有较高的应用价值。客观评价对比主观评价的优势为：耗时少，被试需求少，不易出错或偏袒、可靠性高，适用于设计初期阶段的研究[29]。

2.2.1　座椅舒适度评价方法及指标

（1）舒适度评价量表（comfort rating scale）

常见的舒适度评价量表有：常规舒适度评价量表（GCR）[3]、身体部位不适度量表（BPD）[30]、Kolich 问卷（1999）、Dannion R. Smith 问卷（2006）以及座椅评价量表（CEC）[21]。GCR 量表是一维的 11 级评价量表，舒适度和不舒适度包含于同一个量表中（表 2 - 1）。

表 2 - 1　座椅舒适度/不舒适度 GCR 评价量表

Rating	Description
1	I feel completely relaxed
2	I feel perfectly comfortable
3	I feel quite comfortable
4	I feel barely comfortable
5	I feel uncomfortable
6	I feel restless and fidgety
7	I feel cramped
8	I feel stiff
9	I feel numb（or pins and needles）
10	I feel sore and tender
11	I feel unbearable pain

　　BPD 量表只关注不舒适度，实验之前给被试一个插图，图中的人体划分成几个关键部分。评分步骤是让被试先第一个考虑那个身体部位是最不舒适的，并采用五级量表进行打分，然后评价出第二个不舒适的身体部位，以此类推。所有身体部位的不舒适度的评价分值综合构成 BPD 的参数。

　　GCR 量表设计没有将舒适和不舒适两个因素独立评价，而 BPD 只关注不舒适度。针对这些问题，Helander[21]等设计了多维度座椅舒适度评价量表（CEC）。该量表选择具有代表性的、可以描述舒适和不舒适度特征的 16 个词汇[22]。包括肌肉酸痛、外观好看、腿沉、僵硬、喜欢这个座椅、焦躁不安、柔软、疲惫、疼痛、轻松、麻木、不均匀压力、宽敞、拥挤、清新、安静，最后一个问题为"我感觉舒适"（另一种量表为不舒适）评价座椅的整体舒适度或不适度。采用 9 级李克特量表（图 2 - 4）。

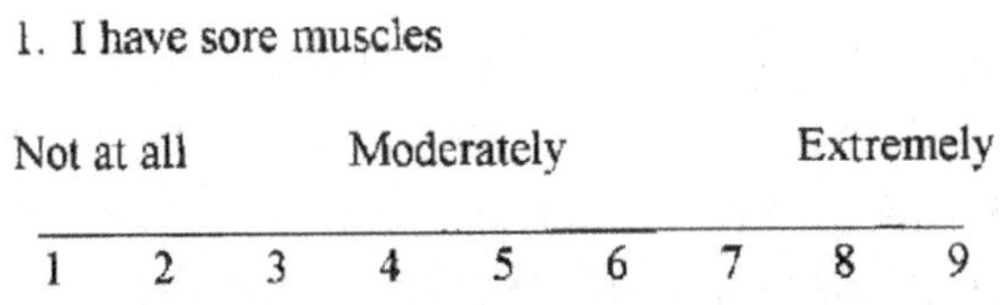

　　1. I have sore muscles

Not at all　　　　Moderately　　　　Extremely

1　2　3　4　5　6　7　8　9

图 2 - 4　座椅评价量表（CEC）举例

（2）振动舒适度评价

铃木等[31]认为振动舒适度的评价，就是研究振动特性与乘客感到的舒适性的对应关系。黄斌等[32]对座椅的振动舒适度评价方法做了综述，归纳为吸收功率法、国际标准 ISO 法、总体乘坐值法、单一不舒适性指数法等。其中吸收功率法是用人体振动系统内部所吸收的能量多少即平均功率来评价人体舒适性。俞展猷[33]对铁道车辆舒适性评价（振动舒适度）方法的发展和研究现状进行了详细的分析。

（3）坐姿行为分析

坐姿行为分析（Posture and behavior）是通过观察、影像记录、测量或动作捕捉的方法，研究姿势及行为尺度、角度关系及变化频率等参数与用户舒适度关系。Chee 等[34]在 12 小时的飞行过程中观察 15 个被试乘坐经济舱座椅的行为特征，最终确立 7 种典型睡姿，再让被试乘坐航空座椅仿真装置（装配力敏电阻器）进行测量，采用主、客观综合评价方法研究了不同乘坐睡姿的舒适度。柴春雷[35]建立了驾驶仿真平台，采用动作捕捉系统捕捉人体驾驶操作动作，以研究驾驶空间内座椅、方向盘、踏板和驾驶姿势之间的定量关系模型。Branton 等[36]认为频繁的改变动作可以判定为是在改变不舒适的状况，说明有不舒适的存在。陆剑雄等[37]从人机工程学原理讨论了坐姿的优缺点，用姿势原状恒定原则分析坐姿行为，认为坐姿变化是人体在稳定和变动之间寻求以取得折中的过程，提出了座椅设计的基本原则及其主要的参考数据。

（4）表面肌电

表面肌电（sEMG）是通过表面电极将肌肉活动时伴随的生物电信号从运动肌表面引导记录下来并加以分析，从而对神经肌肉功能状态和活动水平做出评价，判定肌肉疲劳程度和舒适度[38]。表面肌电的主要测量及计算指标为积分肌电值（iEMG）、平均肌电值（AEMG）、均方根振幅（RMS）、平均功率频率（MPF）、中位频率（MF）。Dedering 等人[39]研究发现腰背部肌肉的肌电信号指标与疲劳感之间存在显著关系。罗仕鉴[16]借助 sEMG 技术对出租车司机进行驾驶实验，通过对颈伸肌、竖脊肌、多裂肌、肱二头肌的 sEMG 测量，考察驾驶员在动态驾驶情况下的舒适度情况，发现随时间的增加，背伸肌力减少；多裂肌可能是引起驾驶疲劳的主要原因；主观舒适度评价与客观实验结果具有一致性。Lee 等[40]征集 100个被试，对比 16 个汽车座椅，这些座椅为不同的泡沫厚度和硬度、靠背形状、靠背坐垫角度和不同的弹簧悬架。分别对颈部、肩部、后背、大小腿的肌肉活动进行测量，结果显示，主观评价最好的 6 个座椅，颈部的肌肉活动较小；后背和肩部肌肉活动的增加会导致不舒适度的增加。

（5）体压分布

体压分布（Body pressure distribution）是人坐落于座椅时，在坐垫、靠背接触面上产生的压力及其分布情况。通过置于人体与座椅之间的压力传感器得到相关压力参数及可视化数据等[41]。目前压力传感器类型较多，应用较为普遍为压阻式和电容式压力传感器[42]。体压分布的主要测量及计算指标为最大压力、平均压力、最大压力梯度、平均压力梯度、不对称系数、纵向压力分布曲线、纵向力矩分布曲线、侧倾稳定性系数[43,44]。国外学者及研究机构提出一些不同的指标及计算方法。如压力变化均方根（Pcrms）[45]、区域压力变化率（aPcrms）[56]、座椅压力分布（SPD%）[46]以及 Niels 等提出的圆形压力梯度（Circular pressure gradient）[47]。

De Looze[14] 对比分析 21 个文献中客观测量及主观评价结果。发现压力分布与主观舒适度评价存在显著关系。均匀的压力分布、靠背和腰部上有足够的支撑是非常重要的。Drummond 等[48] 指出人体在坐姿状况下，每个坐骨结节分别承担了人体重量的 18%，合理压力分布应该是在坐骨处压力最大，然后向四周逐渐减小。Kamijo[21] 发现腰部压力峰值越高的座椅舒适指数越高。周敏[49] 进行了不同坐姿的体压分布实验，发现座面高度不同时，体压分布数据明显不同。建议合理的坐高为膝腘高度值，座面倾角为 0°，靠背倾角为 20°。张鄂等[50] 提出人体舒适体压分布的一般准则，对比 4 种曲面坐垫，结果表明座椅形面是影响舒适度的重要因素。

（6）脊椎负荷

脊椎负荷（Spine load）是通过在人体脊椎骨的椎间盘中植入压力传感器，从而得到相应脊椎骨压力值。由于实验条件难度很大，相关的研究文献很少。Zenk 等[51] 征集志愿者，将两个传感器植入在第 L4、L5 和第 L5、S1脊椎椎间盘处，乘坐不同靠背倾角的汽车座椅，研究结果表明，椎间盘压力越低，坐姿越舒适。

另外，有一些文献研究通过脊椎收缩的测量，研究脊椎的变化与舒适度的关系。脊椎收缩（Spinal shrinkage）是指由于压缩载荷引起的脊椎骨长度的变化，可用测距仪进行测量。文献[52,53] 研究发现脊椎收缩越小，不舒适度就越小。

通过以上的针对座椅舒适度评价方法的综述分析，可得知以下三点主要结论：

①大多采用主、客观相结合的评价方法综合分析舒适度问题。坐姿、肌电、体压分布等生理指标评价对主观评价具有较好的辅助作用。尚未提出确切的指标或方法，定义座椅舒适度或不舒适度级别或阈值。

②大多文献的研究方法寻求客观评价与主观评价结果之间的关系，以确定某个变量因素的对于舒适度或不舒适度的影响程度。

③体压分布指标与主观评价具有显著关系。

2.2.2　国内外轨道车辆座椅舒适度研究现状

目前我国针对轨道车辆座椅舒适度的研究相对较少，本书选出国内外典型的相关文献各五篇进行比较分析（表 2 - 2、表 2 - 3）。

表 2 - 2　国内轨道车辆座椅舒适度研究文献对比

文献	研究方法 （N = 被试样本量）	结论	评价方法
[6]	理论分析：高速列车座椅设计影响因素	从高速列车座椅内部及外部系统中定义座椅设计的各个影响因素及其相互作用关系	——
[9]	对 CRH2 车型座椅现场问卷调查，5 级量表，N = 633	长途旅行，坐姿不断改变，靠背倾角 100° - 120° 为宜。靠背宽度不大于 415mm，高度不低于 729mm。头枕位于颈椎点高至坐高之间，距离座面 700 - 859mm	主观
[54]	理论分析：人体产生疲劳机理	列车座椅舒适性设计原理：保持脊柱正常的生理弯曲、合理的体压分布以保证全身肌肉放松及血液正常循环、具备抵抗振动能力	——
[55]	北京 - 上海高速列车问卷调查，N = 100	座椅排布最佳方式为：座椅保持与列车运行方向一致。座椅向车厢侧墙方向旋转 5° - 10°，人的感觉较舒适	主观
[56]	车内色彩饱和度舒适性问卷调查，7 级量表，N = 45	在同一车厢背景下，人对舒适的色彩饱和度选择没有一致性。但具有倾向性：暖色调，人们偏爱中级饱和度；对于冷色彩，偏爱高饱和度	主观

表 2-3 国外轨道车辆座椅舒适度研究文献对比

文献	研究方法 （N = 被试样本量）	结论	评价 方法
[57]	姿势评价、体压分布、材料弹性评价 N = 12	座面形状纵断面：坐垫的主要部分呈直线为好，腰部附近呈凸面形状、背中上部呈 S 形为好。横断面：根据人体形状成凹形为好	主客观结合
[58]	试制可变实验椅静态、动态环境评价	开发座椅优于 E2 系列座椅。头枕及大腿压迫感比 E2 座椅较差。开发座椅靠背性能较 E2 系列容易传递振动	主客观结合
[59]	长途现场问卷调查，N = 200	大部分乘客认为长途旅行是不舒适的，印度铁路客车卧铺车厢应考虑乘客人机工学因素。例如年龄、身高等	主观
[60]	理论分析	提出乘客座椅系统设计方法及程序，为韩国高速列车的乘客座椅提出设计建议及指南	——
[61]	坐姿观察 1. 快速编码的，观察 5 个小时内的坐姿。2. 定时录像，N = 18	两种方法相关性较高。对比两种类型的座椅发现有明显的行为差异。对发生频率、持续时间和姿势的顺序进行定量比较分析	客观

对比国内外文献，所涉及的研究内容并不广泛。坐垫硬度、表面材料触感、使用功能、乘坐时间等因素尚未提及。国内的研究主要侧重在座椅人机几何参数优化设计的研究上，分析座椅设计影响因素及设计原则，另外对高速列车座椅色彩舒适度问题也有所研究。国外文献涉及列车座椅形状、振动舒适度、坐姿分析以及列车座椅系统设计原则。

就评价方法而言，国内文献中采用的评价方法比较单一，大多以实车调研、问卷调查的主观评价方法进行研究。国外相对全面，大多采用主观评价与客观测量相结合的方法、试制实验椅或对比研究轨道车辆座椅舒适度问题。

另外需要提出的是，虽然国内对列车座椅人机几何参数设计有了较多的分析，但研究结果中的参数推荐值存在差异（表 2-4）；座椅特征尺寸术语解释也存在差异，参差不齐。如文献[74] TB1755-86 对坐高的定义为：座面前沿至地面的垂直距离。而 GB/T13056-91 的坐高定义为：在座椅中心平面上，坐垫上表面最高点至地板的高度。

表 2 - 4　　国内文献中的座椅人机几何参数设计推荐值

文献	[54][62]	[63]	[64]	[9] VIP	[9] 一等	[9] 二等
座高 mm	450	400 - 500	440	372 - 463	372 - 463	372 - 463
座宽 mm	500	≥420	双人 900	458 - 486	450 - 480	425 - 468
座深 mm	430	≥400	——	450 - 510	435 - 495	425 - 462
靠背高 mm	850	≥450	750	729 - 868	729 - 858	688 - 837
座面倾角	7°	3° - 7°	4°	5° - 15°	5° - 15°	5° - 15°
靠背倾角	95° - 135°	95° - 110°	100°	100° - 180°	100° - 135°	100° - 125°

2.2.3　UIC567 - 2004 关于铁路客车座椅几何参数的标准

欧洲铁路联盟标准 UIC567 - 2004（客车的一般规定）有关一等和二等座椅基本尺度关系的准则（表 2 - 5），如图 2 - 5 所示为座椅设计测量点示意图。

UIC567 中考虑到提升舒适度，对座椅的靠背倾角、坐垫深度需设计可调节装置，三个或两个并排座椅中间的扶手可以折叠收回，头部和腰部有足够的支撑。

UIC567 - 2004 对座椅的基本几何参数做出了明确规范要求，然而该规范的提出是基于欧洲成年人人体尺寸来设置的，我国成年人人体尺寸与欧洲国家的人体尺寸存在差异，如法国的第 90 百分位男子的身高为 1768mm，我国的则是 1754mm，因此 UIC567 关于座椅人机几何参数的标准并不适用于我国成年人的人体尺度条件。

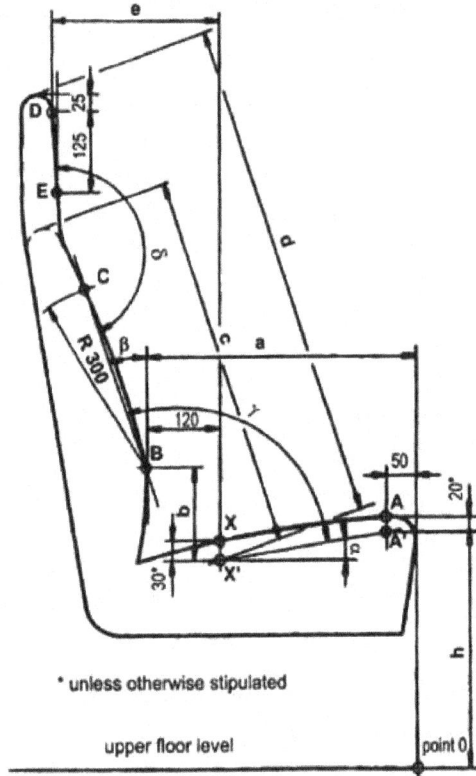

图 2 – 5 UIC567 – 2004 座椅设计测量点示意图

表 2 – 5 UIC567 – 2004 有关铁路客车座椅的几何参数

名称	代码或定义	参数
座高	H	390mm ~ 430 mm
座深	A	≥430 mm，可调节范围 410 mm ~ 530 mm
座宽	扶手间的宽度	一等座椅≥500 mm；二等座椅≥450 mm（推荐 480 mm）
靠背高	D	550 mm ~ 800 mm（小于 850 mm）
靠背宽	—	与坐垫一致
靠背倾角	γ	110° ~ 130°
座间距	前排至后排靠背的距离	一等座椅 = 1010 mm，二等座椅 940 mm
容膝距	—	具有自如的腿部活动空间

2.2.4　轨道车辆座椅舒适度研究存在的问题及方向

针对我国目前轨道车辆座椅舒适度研究现状中存在的问题，可从以下几点展开系统深入的研究。

①从生理及心理学角度，探讨轨道车辆乘客座椅舒适性影响机制，建立完善的评价指标体系。

例如，乘客的生理及心理需求决定座椅的功能设置，乘客表面体征及行为习惯等决定座椅的几何参数；座椅布局、造型色彩美学设计、表面材料触感、粗糙度、透气性等座椅物理属性及美学因素都与人的生理及心理舒适感受有关。因此，从生理学及心理学角度，系统的挖掘座椅舒适度影响因素，建立完善的评价指标体系，对座椅优化设计与评价具有重要意义。

②考虑车厢封闭空间，不同乘坐时间的轨道车辆特殊外部影响因素。

轨道车辆座椅区别于其他座椅，就在于车厢具有空间相对狭长封闭、乘坐时间较长的特征。轨道车辆座椅舒适度的研究应考虑怎样改善座椅布局、材料选型等物理因素，以减少封闭空间及时长问题对人的不舒适度影响。

③加入相关生物学指标的测量，采用主、客观相结合的评价方法，进行全面的研究。

对于轨道车辆座椅舒适度的研究应加入肌电、体压分布等生物学指标的测量，与主观量表评价相结合，改变我国目前单一的评价研究现状，进行全面综合的分析。

④规范轨道车辆乘客座椅尺寸参数术语，根据最新的中国人体尺寸，更新轨道车辆座椅人机几何参数。

我国目前只有硬座车座椅尺寸参数的规范（TB1755 - 86），高速列车、地铁等轨道车辆乘客座椅与普通列车的硬座座椅是有差异的。因此，有必要对不同种类车辆的座椅尺寸参数术语进行规范。目前采用的人体尺寸标准为 1988 年 GB/T10000 - 1988，随着人民群众生活水平的提高，体貌特征已经发生巨大变化，2009 年由中国标准化研究院测量规程的最新成年人人体尺寸调查已完成。因此有必要对轨道车辆乘客座椅的人机几何参数设计推荐值进行更新。

2.3　本章小结

对有关座椅舒适度及不舒适度的概念及理论模型进行了综述，阐述目前有关舒适度问题的相关理论及主流评价方法，分析了目前国内外轨道车辆座椅舒适度研究现状及存在的问题，并探讨未来的研究方向；明确了座椅舒适度的概念。具体如下。

①座椅舒适度的概念界定为：人在乘坐座椅时，在座椅与周边环境的各种外部因素（座椅与环境的物理属性）作用下，是否存在不舒适的反应以及人所感受到的舒适程度。

对舒适度的研究应该包含舒适以及不舒适两方面的内容。对于应用性的研究来说，其方法应该是在剔除不舒适因素的基础上，提升舒适度。不舒适的研究适合采用生物学设备对人体相应的生理指标进行测量，结合人的主观感受，客观的分析不舒适因素。而舒适程度评价存在个体差异，难以明确的、绝对的用物理或生理指标等界定舒适度的级别或阈值，因此舒适度的研究更适用于比较性的研究。

②提升舒适度的两种策略：第一是剔除不舒适因素，第二是提升舒适度。

③区分了乘坐舒适度和座椅舒适度的概念，乘坐舒适度为广义的概念，座椅舒适度是乘坐舒适度的重要指标之一。

④对座椅舒适度评级法方法和指标进行综述。大多文献采用主、客观相结合的评价方法综合分析舒适度问题，坐姿、肌电、体压分布等生理指标评价对主观评价具有较好的辅助作用，但尚未提出确切的指标或方法，定义座椅舒适度或不舒适度级别或阈值；大多文献的研究方法是寻求客观评价与主观评价结果之间的关系，以确定某个变量因素的对于舒适度或不舒适度的影响程度；体压分布指标与主观评价具有显著关系。

⑤对国内外轨道车辆座椅舒适度研究进行综述，提出我国目前轨道车辆座椅舒适度研究现状中存在的问题以及改进方向，具体如下。

A. 需系统的挖掘座椅舒适度影响因素，建立完善的评价指标体系，对座椅优化设计与评价具有重要意义。

B. 考虑车厢封闭空间，不同乘坐时间的轨道车辆特殊外部影响因素。

C. 加入相关生物学指标的测量，采用主、客观相结合的评价方法，进行全面的研究。

D. 规范轨道车辆乘客座椅尺寸参数术语，根据最新的中国人体尺寸，更新轨道车辆座椅人机几何参数。

第3章 功能配置

从古至今，我国造物理念中讲求"物以致用"。物何以致用？换个角度来设问，用的人是否需要此"用"？此"用"是否重要？此"用"是谓"物"的功能。物的功能能否满足人的需求，是造物的"精气"，也是造物成功、好坏与否的判断标准之一，正所谓"物以致用方为贵"。也就说明人的需求决定了物的功能，那么人的需求如何得知、获取？本章将对高速列车满足乘客需求的功能配置进行深入的探讨。

在产品功能设计上，我们提倡人性化的设计，希望产品能够适应于人，适合于人，以人的需求为出发点，挖掘出潜在的需求和功能，使产品的功能配置更加的完善并有所创新，以达到"物以致用"的目的。高速列车座椅是乘客在旅途中的小生活圈，乘客要在这个小生活圈里度过数小时乃至更长时间的旅途时光，座椅能够陪伴乘客轻松舒适的消遣掉这时光，关键就在于它能否满足乘客的生理、行为及心理各方面的需求。本章将乘客的需求分为生理、行为和心理需求三种类型，阐述了用户需求获得的方法，并利用行为观察法了解乘客乘坐座椅的一般行为模式，分析座椅空间布局并介绍空间布局功效性的评价方法，建立乘坐需求模型，对座椅的功能设置提供依据参考，最终提出高速列车乘客座椅功能配置和布局设计的原则和建议。

3.1 用户需求

3.1.1 需求理论模型

马斯洛在《人类激励理论中》提出需求层次理论模型，也称"基本需求层次理论"，它提出需求分为生理需求（Physiological needs）、安全需求（Safety needs）、社交需求（Love and belonging）、尊重需求（Esteem）和自我实现（Self‐actualization）五种需求类型，并且这五种类型成金字塔式从较低层次到较高层次。如图3-1所示，生理需求是最底层，也是人最基本的需求，如呼吸、食物、睡觉，等等；安全需求是指人身安全、健康保障等安全意义上的需求；社交需求是对情感和归属的需求，例如情感的沟通与交流；尊重是对自我尊重、信心等得到被尊重的需求；自我实现是最高层次的需求，是实现个人理想、价值的能力，是达到自我实现的人。后来由于社会的变迁，在后来的研究者中推翻了马斯洛的"基本需求层次理论"，Wahba, M. A. 和 Bridwell, L. G 在 1976 年发表的《马斯洛反思：对需求层次理论的研究概述》中认为马斯洛理论的需求排名，或者某些特定需求存在的证据并不足[65]。在最新的需求理论研究中，将其称为"需求范畴论"，即将需求划分为生理范畴、心理范畴和社会范畴。

图 3 - 1 马斯洛的需求层次模型

东京理工大学教授狩野纪昭（Noriaki Kano）和他的同事 Fumio Taka-hashi 在 1984 年提出了以用户满意度作为考虑维度的需求二维模型，即狩野模型（Kano mode）①，如图 3 - 2 所示。该模型将用户的需求分为三个层次，即基本需求、期望需求（也称一元需求）和振奋需求。基本需求是用户认为必须有的功能，如果对该项需求实现度不充分，用户就不满意，即使充分，也是理所当然的；期望需求实现的越充分，用户的满意度就越高，相反如果期望需求没有实现或者实现的较差，则用户的满意度下降；振奋需求实现的良好，用户会对其产生超出期望的满意，如果实现的不好，用户也觉得无所谓。

---

① 东京理工大学教授狩野纪昭（Noriaki Kano）和他的同事 Fumio Takahashi 的论文《魅力质量与必备质量》（ *Attractive Quality and Must – be Quality* ）于 1984 年 1 月 18 日发表于日本质量管理学会（JSQC）的杂志《质量》上，标志着狩野模型（Kano model）的确立和魅力质量理论的成熟。

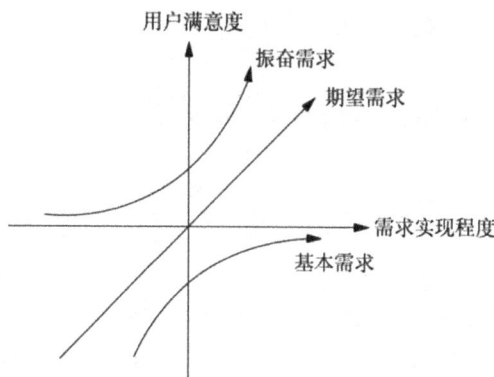

图 3-2　KANO 模型

　　无论是马斯洛的金字塔需求模型还是 KANO 模型，需求的类型都含有满足人基本需要的基本需求，该需求就是人的生理需求，表现为饮食、睡觉、保暖等衣食住行方面的基本生理需求，这也是产品功能要实现的最基本要求；其次是期望需求或者说安全、社交需求，体现为人的行为、安全需求，例如沟通交流、办公娱乐、操作便捷、性能可靠等；最后是满足人心理情感需求的振奋需求，如审美喜好、舒适享受、情感共鸣、文化认同感等。因此从用户自身出发，需求类型可分为生理需求、行为需求和心理需求三种类型，如图 3-3 所示。产品的功能设置可从这三方面来考虑分析，并且功能配置的层次首先必须满足人的生理需求，尽可能最大化地实现行为需求，最后利用满足人的心理需求，符合用户的个性追求，通过造型、色彩等工业设计手段来激发用户的喜爱情绪，吸引消费者。

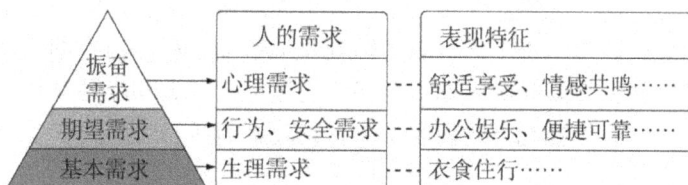

图 3-3　人的需求分类及表现

　　高速列车乘客座椅的功能配置主要是由乘客在乘坐过程中的生理需求和行为需求所决定的。如座椅头枕根据乘客睡眠需求而设置，书报夹根据乘客休闲娱乐的行为所决定，等等。座椅的功能设置应首先在满足乘坐生理需求和行为需求的条件下，再细致的考虑分析其舒适、审美等方面的心理需求。本节主要探讨实现物理功能层面的生理需求和行为需求。心理需求大多体现在座椅空间的适度宽敞感和座椅美学设计的喜好和认同感。

3.1.2 用户需求的获取方法

在产品设计前期获取用户需求，了解和分析用户的真实需求和行为是很重要的工作。在产品质量功能管理、交互设计等领域，对怎样有效地获取和分析用户需求有所阐述。目前国内外在用户需求的捕获、挖掘和预测等有了深入的研究。这里将获取用户需求的方法归为三种，即用户访谈、问卷调查和行为观察分析法。用户访谈和问卷调查方法在设计调查类的书籍中有详细的描述，如李乐山等编著的《设计调查》[66]，这里不再赘述，本章将采用行为分析法对乘客的乘坐需求特征进行分析。

（1）用户访谈法

用户访谈法是设计师或研究员通过与用户面对面进行谈话访问的方式获取用户需求的内容。在访谈之前，设计师需明确访谈目的，提前梳理出访谈时的关键问题和访谈流程，编写访谈提纲，并在谈话过程中尽可能让用户能够畅所欲言，将其需求特征全面完善的进行说明。访谈过程中，可结合问卷调查，之后听取用户的反馈信息，做好访谈记录。用户访谈法是比较直接、灵活、有效的方法，交流的越深入，需求信息捕获的越详细，是用户需求获取的最基本最常用的方法。

（2）问卷调查法

问卷调查是以问卷的方式对大量的用户群体进行用户需求调查。用户调查法覆盖面广，能够获取到近于整体系统的需求信息，但是如果问卷设计得不合理，容易调查不深入或者调查效果不佳。在做用户调查之前，需构建因素框架，将问卷的问题进行仔细的梳理、分类和问题设计，可结合用户访谈法，修改补充问卷内容，以得到较好的问卷效果。

（3）行为观察法

行为观察法是通过亲临现场观看纪录或者通过录像纪录视频，然后进行后期用户需求分析的方法。该方法较之前两种方法更客观，能够对需求特征形成直观的认识。实验性质的行为观察法，指定给用户完成实验任务，可在指导下完成，而对用户需求探索性的调查，在行为观测时，不宜让用户了解观察的内容，应是用户能够自由、真实、有效地完成[67-68]。

除了这三种常用的方法之外，还有利用数学理论模型的方式来定量分析用户需求，以及需求的重要程度。例如层次分析法、熵值法、均方差法、灰色理论、神经网络、回归分析等方法来确定指标权重和建立需求重要程度的预测模型[69-71]。这种定量的分析方法实际上也是在专家用户和一般用户等用户主观打分赋予权重的基础上进行分析处理的。该方法操作复杂，而且不一定能有效真实地反映需求特征，需要进一步的展开深入研究，增强其可靠度和实用性。

3.2　乘坐行为模式及需求特征

3.2.1　乘客的一般乘坐行为模式

3.2.1.1　乘坐行为模式分析

乘坐行为模式分析的调研线路和车型为成灌线、胶济线及京沪线上的CRH1、CHR5、CRH380A 三种车型短程与长程线路的调研，通过视频采集、行为分析及对乘务员访谈的方法，了解乘客需求及存在的问题，按上车、中途、到站三个阶段，分析高速列车乘客乘坐的需求特征和一般行为模式，最终为高速列车乘客座椅功能设置提供参考（图 3-4）。

成都—都江堰 CRH1 型车线路调研

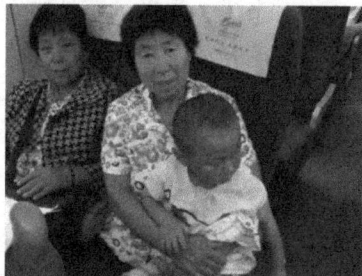

青岛—北京 CRH5 型车线路调研

北京—上海 CRH380A 车型车线路调研

图 3 - 4　线路调研

　　乘客作为选择高速列车为出行方式的铁路乘客群体，必然有着共同的心理特征，这就决定了动车乘客有着共同的一般行为模式。按上车之后的时间来划分为上车、中途、到站三个阶段，并总结出高速列车乘客乘坐一般行为模式。

　　（1）上车

　　①找座位。乘客上车后，首先是按照车票上的座位号寻找自己的座位。经常乘坐同一车次的乘客会直奔自己座位的位置；有经验的乘客则会按照车厢座位号的指示查找自己的座位方向；部分不熟悉动车的乘客则会根据以前的乘车经验跟着前面的乘客走，在找不到自己座位号的情况下再返回到另一边寻找或询问乘务员。

　　座椅功能设计点：在明显的位置设置识别性强的座位号。

　　②存放行李，摆放随身物品。找到座位后，乘客会就近安放自己的大件行李，小件行李如公文包则可能会直接放在自己腿上或脚边，然后根据习惯将部分常用物品放在衣兜里、小桌板上或随身的小包里，最后挂衣帽或外套。相对来说，乘坐动车的乘客较少携带大型行李箱，如果携带了由于大件行李专用存放区离座位较远，这一区域又是开敞式的，而不愿放过去。另外，高速列车车厢过道较宽，为此很多乘客宁可将大件行李箱放在座位旁边的过道上，挤占交通通道，这部分乘客往往需要乘务员多次提醒后才会将大件行李放至专用区域。

　　座椅功能设计点：设置衣帽钩、小桌板。

　　车厢功能设计点：大件行李箱的位置在靠近车门的车辆两端时，应给予明显的标志提示，使携带大件行李的乘客进门时就能快速将行李存放好。

③熟悉环境，准备饮水或食物。在安置行李的同时，乘客也在熟悉环境，一般包括调整座椅靠背角度，放下小桌板等行为。部分有饮用热水习惯的乘客会在安放好行李之后马上去打水。如果是发车时间接近用餐时间，很多乘客会自带食物上车，并在上车后迅速做好食用准备。

座椅功能设计点：靠背可调节，设置可用餐、放置水杯的小桌板。

（2）中途

在乘坐中途，乘客的行为是多种多样的，而且也没有明显的先后次序。

①休息。高速列车的发车时间在早晚比较集中，早上乘车的乘客由于要赶到车站，很可能睡眠不充足，需要上车后补觉；晚上乘车的乘客，忙碌了一天之后，也大多希望在车上打个盹，小憩一下。部分警戒心较低或对动车安全较为信任或没有随身携带特别贵重物品的或有同伴的乘客，在动车运行途中会长时间睡眠。更多的则是闭着眼睛打盹或听歌放松休息。在上车 4 小时以后，由于旅程时间过长，大多数乘客都会进入休息状态。

座椅功能设计点：设置头枕、头枕侧靠供乘客坐躺着睡觉、休憩使用，也有乘客喜好趴着睡觉，也可设计具有足够支撑力的前置小桌板供乘客睡觉使用。

②饮食。大部分乘客熟悉完环境后，喜好在座位上进行饮食，主食大多以方便面、方便米饭为主，然后就是各式各样的零食和饮料。进餐完之后，会产生大量的垃圾，比较文明的乘客会收集好垃圾自己扔到车厢两端的垃圾桶内或者等待乘务员收集垃圾，素质较差的乘客则会乱扔垃圾。

座椅功能设计点：设置小桌板、座椅周边设置小型垃圾桶。

③休闲。在闲暇的旅途中，很多乘客喜欢在车上进行休闲活动。比如浏览书报杂志，使用手机、笔记本电脑和平板电脑，看车窗外面的风景等，这些是常见的个人休闲行为。结伴而行的乘客有时会一起进行打扑克、玩游戏等小群体式休闲活动。

座椅功能设计点：设置杂志书报夹、电源接口、媒体系统（电视机、音响系统等）

④交流。动车票价相对普通列车车票要高出一倍，这使得动车乘客主要为收入相对较高的群体，这个群体以中小企业主、企事业单位职员、专业技术人员、大中专学生、办事人员、个体工商户等组成，这部分人或者

教育程度较高，或者经历多见识广，往往有和同车乘客交流的兴趣和需要；有些集体出行的乘客，交流活动更是频繁。主要的交流活动有聊天、一起吃零食、共同听音乐或看电影等。由于动车座位一般都是同一朝向的，打扑克、下棋等群体活动较少。

座椅功能设计点：座椅空间布局设计可多样化，如设置相对式的座椅排布方便小群体乘客交流互动。

（3）到站

①收拾行李及随身物品。收拾东西的时间与乘客的性格和心理特点有关系，性格急躁的乘客比性格缓慢的收拾得早，有急事的比没急事的收拾得早。

②拿行李，下车。有些熟悉动车运行线路的乘客可能通过时间或路边景物就判断出列车到车站的大概距离，提前到门口等待下车；有些乘客则喜欢等其他乘客下得差不多时再下车。这与乘客的性格和具体情况有关。

3.2.1.2　现有高速列车座椅存在的问题

以下是对列车上乘客及乘务员访谈梳理出的座椅舒适性设计存在的主要问题。

- 二等座椅无脚踏，脚向前伸展空间不够，不舒适。
- 二等座椅头枕位置脖子部分无依靠，侧枕作用不大，头侧躺时会到另外座位上。
- 二等座椅腰靠凹下，腰部无支撑不舒适。
- 扶手较低，且又窄又硬。
- 坐垫很厚，而且比较硬。
- 二等座椅小桌板易损坏。
- CRH5 与 CRH2 相比较过道窄 18 厘米，过道稍窄，行走不便，CRH2 型相对空间较大，舒适。
- 一等、二等座椅调节操作不便，有些不起作用。
- 观光区的沙发座椅不能调节方向，两头的沙发座椅总有一个方向是背靠行驶方向的。
- 观光区前排的 VIP 座椅无法完全伸展，乘客常要求换座。
- 乘客会使用二等座椅旋转结构使用对坐方式。
- VIP 观光区的射灯太亮，刺眼眩光。

● 座席标示黑白两色，白色易识别，而黑色不易识别，经常有找不到座位的情况。

● VIP 小桌板结构不如一等小桌板操作方便。

从以上的问题中分析座椅舒适性存在的问题体现为五个方面的问题。

①在功能上，设置不周全，且有些操作不方便。

②在形面上，如靠背形面、扶手、头枕等人机形面舒适性设计欠佳。

③在材料上，反映坐垫偏硬。

④在布局上，形式单一，部分乘客选择对坐式布局。

⑤在认知、识别上，座席号的美学设计功能性欠佳，不易识别。

3.2.2　基于行为观察的乘客需求分析

在线路调研过程中，我们对不同乘客 5 小时内的乘坐行为进行录像采集，根据调研所得到的影像记录，基于荷兰诺达斯公司开发的 Observer XT 行为分析系统对乘客的行为特征进行分析。首先在浏览视频之后定义关键的行为动作，并在 Observer 系统内进行行为编码和标定，如图 3 - 5、图 3 -6所示。然后统计出各个行为动作发生的频次，持续时间等。

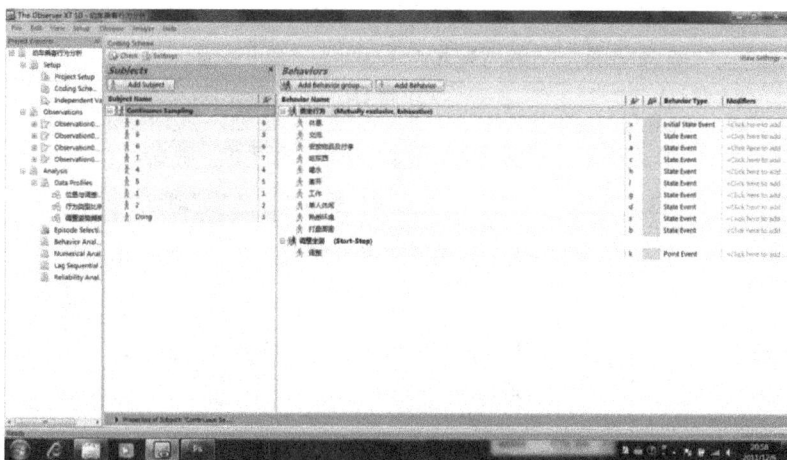

图 3 - 5　行为动作编码

图 3-6 视频中的行为动作标定

根据影像记录，确定出以下几种行为类型，如下表所示。

表 3-1 乘坐行为分类

行为分类	具体行为	具体行为描述	需求归属
生理行为	吃东西	吃饭、吃零食等	生理需求
	喝水	喝水、饮料、啤酒等	
	离开	上洗手间及离座活动等	
	调整坐姿	指有臀部离开坐垫来调整坐姿的行为	
休息行为	休息	睡觉、打盹、闭眼小憩	
休闲行为	单人休闲	阅读书报杂志、听歌、玩手机、游戏等	
	交流	聊天、打电话、棋牌游戏等多人互动行为	
环境应对行为	存放物品	指存放行李、书报等调整物品以便使用的行为	行为需求
	熟悉环境	指对座椅靠背、小桌板等公共设施的认识行为	
	打量周围	指观察同伴、注意路人、看车窗外风景等行为	

（1）乘坐行为持续时间及频次分析

对视频分析结果进行统计分析，结果发现在现有情况下，持续时间最长的是休息行为，其次是单人休闲类行为和交流类行为，如图 3-7 所示。

在行为需求中，休息和休闲类行为占有绝大的比例，这些行为的需求可作为期望需求，座椅或座椅周边设施实现这些需求的功能越充分，乘客的满意度就越高，其次是打量周围的持续时间比例较大，在打量周围行为中以观望窗外的行为居多，在座椅布局设计上，可尽量使每排的乘客对应一组窗户，以方便乘客观望窗外。另外生理需求类型的动作在整个旅途中持续的时间虽然不长，但却是必要的行为类型，应作为基本需求，必须要满足的需求类型。

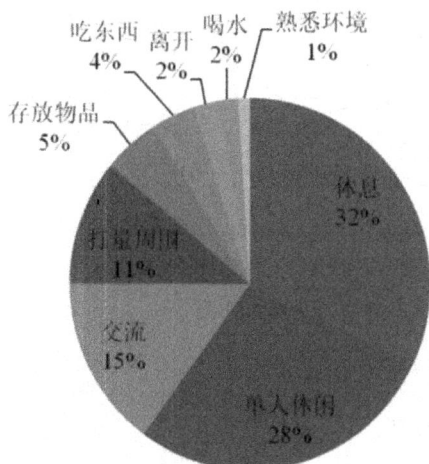

图 3-7 各种行为持续时间比例图　　图 3-8 各种行为每分钟发生频次图

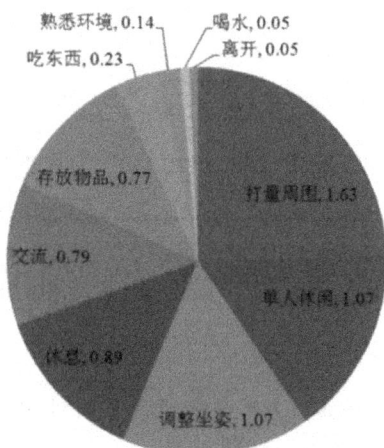

从图 3-8 各个行为每分钟发生的频次图上看，调整坐姿的发生频次较高，说明现有动车组座椅的舒适性仍有待提高；安放物品行为的发生频次也相对较高，说明在设计座椅时，应当关注座椅的一些附属设备（如小桌板、书报带、衣帽钩等）的设计，方便乘客放置物品。另外在记录影像中看到有乘客将手机放在车窗边缘上，车窗边缘为乘客安放手机的好地方，同是也反映了座椅的功能设计还不是很完善，没有充分地考虑到可以安放小物品的地方。

（2）五个小时时间段内的乘坐行为持续时间

图 3-9 为统计的 5 个小时时间段内，乘客各个行为的平均持续时间。在第 1 个小时内，持续时间最长的为生理行为，其次是单人休闲，交流和休息行为相对较少，说明在前一个时间内，乘客以饮食、喝水等生理行为和玩手机等单人休闲行为为主；生理行为、单人休闲行为在后 4 个小时时间段内呈下降趋势，休息和交流活动呈上升趋势，也就是乘客乘坐时间久

了会选择睡觉休息或者与其他人交流互动来打发时间；环境应对行为较为平稳。通俗点说，大部分乘客上车后先填饱肚子解解渴、自己玩一会儿之后，剩下的大部分时间睡觉或者与其他人聊天、交流互动。所以，建议乘务员收集垃圾的时间在 1 小时以后。

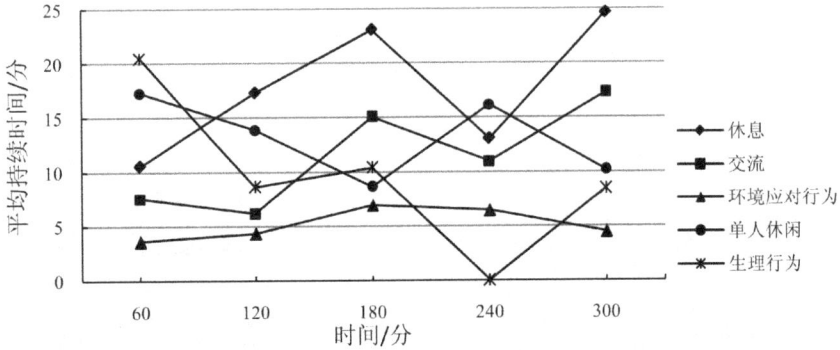

图 3 – 9　五个小时时间段内的乘客行为持续时间

（3）不同年龄段乘客的行为特点分析

对动车组调研视频进行分析，得出不同年龄的乘客与乘坐行为的关系示意图（图 3 – 10）。从图中可以看出，中年人（29～45 岁）比青年人（19～28 岁）用于休息、交流、单人休闲活动的时间更多，而青年人则用较多的时间用于打量周围、熟悉环境、休息和单人休闲行为，说明大部分青年人不喜欢与周围人交流，更愿意在自我空间内进行个人独立性质的行为。

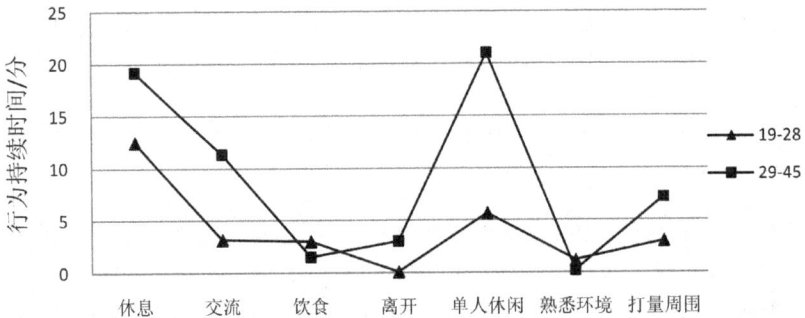

图 3 – 10　不同年龄乘客和乘坐行为时间的关系示意图

（4）不同性别乘客的行为特点分析

图 3-11 是动车乘客行为统计分析得到的男女乘客与乘坐行为发生次数的关系示意图，从图中可以看出，男性乘客比女性乘客在车上的行为要活跃的多，如休息、交流、饮食、大量周围行为发生次数远超于女性乘客；大部分女性乘客喜好人的休闲活动，说明女性乘客的乘坐行为特征较为自我沉稳，而男性乘客则合群活跃。

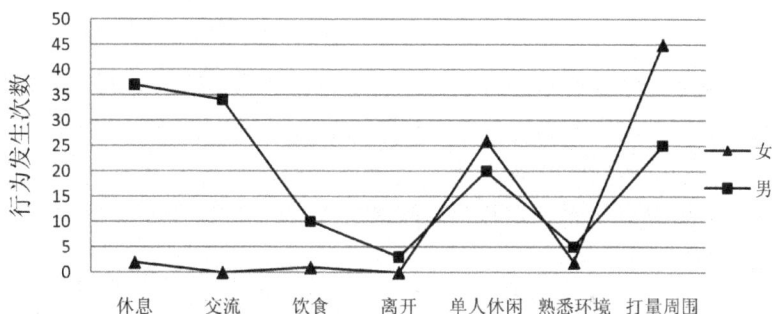

图 3-11　不同性别乘客和乘坐行为发生次数的关系示意图

3.3　座椅的空间布局

列车座椅的空间布局是指座椅在车厢内的排布方式。就像布置办公桌一样，电脑位置高低、角度设置的不合理，办公时间久了，会给办公人员带来视觉或者肢体上的疲劳与不适，书籍、文件、工具的安放位置、大小是否合理、是否分类归纳直接影响到办公效率，当然人与人的行为习惯是有所差异的，有的人习惯电脑放在左边，有的人喜欢放在右边，也有人喜欢放在正中间。列车座椅的空间布局设计同样需要考虑人—椅—车的尺度空间特征、行为习惯及需求的基础，设计座椅排布方式及尺度关系，使车厢空间的利用更加合理、高效，并满足乘客穿越、通过以及交流等行为需求。

列车座椅空间布局设计的主要制约因素包括乘客的静态、行动尺度、座椅尺度、车厢空间尺度、车厢等级定位和容客量。这五个因素互相制约决定座椅空间布局的尺寸关系及排布方式,例如座间距、通道宽度、车厢容量、无障碍座椅的尺度及安放位置等。目前我国高速列车普遍采用的座椅布局方式为 2 + 1 的 VIP 座椅排布、2 + 2 的一等座椅排布、2 + 3 的二等座椅排布,8 编组整车的客容量达 480 ~ 670 人。欧洲的高速列车座椅空间布局方式较为多样,一等、二等车厢的座椅大多为 2 + 2 的排布,有对坐式、观光式等排布方式,客容量一般为 400 ~ 520 人。我国 CRH2、CRH3、CRH380 高速列车二等座椅虽然可调节旋转座椅方向,可实现对坐式的排布方式,有时乘务员会委婉告知不允许这样操作,列车座椅空间布局设计较为单一。

本书是通过对乘客的静态、行动尺度特征、座椅尺度、车厢的尺度三方面的分析,给出空间布局尺度设计参考;并根据人的乘坐旅行的行为特征推荐新型的座椅空间排布方式,提出高速列车座椅空间布局设计原则,并总结归纳出座椅空间布局的功效性评价方法。

3.3.1 "人一椅一车"的静态空间与行动空间

1. 乘客乘坐的静态尺度及动态尺度

人体测量学也称工程人体测量学(engineering anthropometry),人体静态和动态尺寸是人体测量学中最基本的类型,是人们进行物体设计的两种主要人体数据。静态尺寸是指身体处于静止状态下测量的人体关键尺寸,包括骨骼尺寸及外形尺寸,本节主要讨论是外形尺寸。动态尺寸是在人体从事某种活动状态下测量的活动范围等尺寸。列车座椅空间布局的尺寸设计应顾及乘客的静态尺寸及动态尺寸,例如座间距设计既要满足坐姿、腿部伸展空间,又要保证内侧乘客往外顺利可以通过。

静止下的人体姿势主要有立姿、坐姿、跪姿、仰卧姿和爬姿五种基本姿态。列车乘客乘坐座椅时的活动及姿势主要为立姿、坐姿及前伸上展等行为动作。人体立姿及站姿的静态尺寸详见国家标准《中国成年人人体尺寸》(GB10000 - 88)[72]。表 3 - 2 为座椅空间布局设计会应用到的中国成年人立姿及坐姿的功能尺寸测量数据摘要[73]。图 3 - 12 ~ 图 3 - 14 为座椅空间布局设计会应用到的动态活动范围及动作轨迹[74 - 75]。

表 3 - 2　中国成年人立姿及坐姿的功能尺寸测量数据摘要（单位：mm）

测量项目	性别	第 5 百分位	第 50 百分位	第 95 百分位
立姿 双臂功能上举高	男	1869	2003	2138
	女	1741	1860	1976
两臂展开功能宽	男	1374	1483	1593
	女	1248	1344	1438
立姿腹厚	男	160	192	237
	女	151	186	238
坐姿 前臂加手功能前伸长	男	310	343	376
	女	277	306	333
上肢功能前伸长	男	673	730	789
	女	607	657	707
坐姿中指尖点上举高	男	1249	1339	1426
	女	1173	1251	1238

注：本表数据摘自国家标准《工作空间人体尺寸》（GB13547 - 92）中第 5、50、95 百分位数的相关数据。

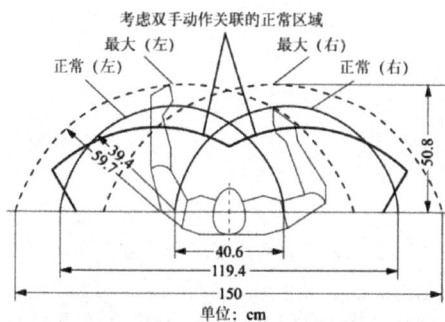

图 3 - 12 手在水平面的作业范围

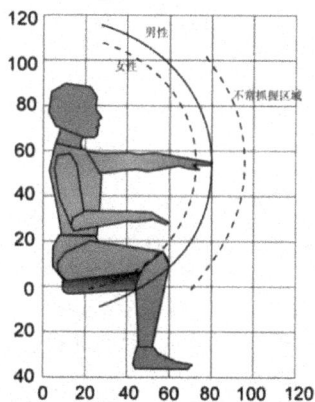

图 3 - 13 坐姿近身垂直作业空间范围

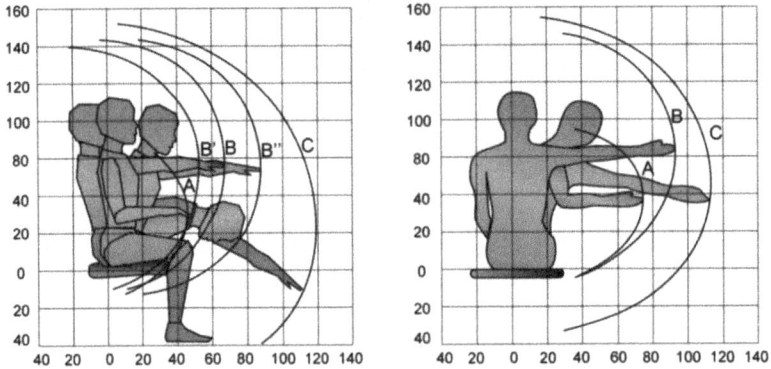

图 3 - 14　坐姿时上肢的动作尺寸

表 3 - 3　坐姿时上肢的动作轨迹说明

轨迹	侧面	正面
A	以肘为中心，从上往前放下前臂	以肘为中心，使前臂从身体上方打开至水平方向
B	以肩为中心，从上往前放下上肢	以肩为中心，从上往身体侧面放下上肢
B'	倚靠于椅背	——
B"	将上体俯下时	——
C	前倾上体，并放上下肢	倾斜上体，并使上肢往水平方向运动

　　列车座椅及座椅的周边附属设施的空间布局尺寸参数主要涉及纵向座间距、横向座间距、向外通过宽度、座椅后背设施功能距离、小桌板功能距离、行李架高度、嵌墙式衣帽钩高度以及走廊通道的宽度。如图3 - 15所示。

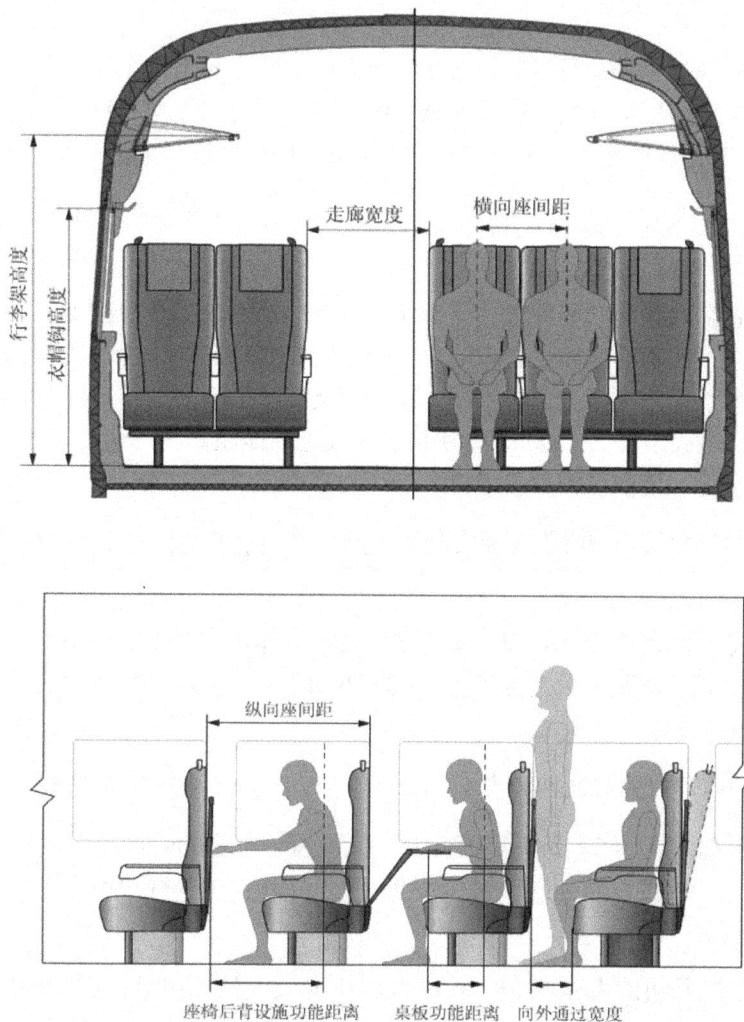

图 3 - 15　列车车厢座椅空间布局尺寸参数示意图

纵向座间距的参数设计将在第 5 章实验研究中详细分析，这里不再赘述，纵向座间距一般范围为 800～950mm，推荐值为 850～950mm。

横向座间距是乘客并排坐时，两人躯干中心位置间的距离。确定横向座间距的最小值，是为避免乘客并排坐座位时过分拥挤。横向座间距应满足大部分乘客的要求，因此选用第 50 百分位人体最大肩宽来计算横向座间距的最小值。

$$横向座间距最小值 = \frac{1}{2}(P_{50男} + P_{50女}) + 衣着修正量 = 434mm \approx$$

$430mm$。

向外通过宽度，是指坐垫前缘至前面座椅后背的距离。确定向外通过宽度的最小值以保证坐在内侧的乘客向走廊出来时能够顺利地通过。选用第50百分位的臀膝距和座深尺寸参考依据。即向外通过宽度最小值为：

$$\frac{1}{2}[(臀膝距 P_{50男} - 座深 P_{50男}) + (臀膝距 P_{50女} - 座深 P_{50女})] + 衣着修$$

正量 $= 223mm \approx 220mm$。

座椅后背设施功能距离，是指座椅后背的功能设施至后排乘客正坐时中心位置的距离。座椅后背设施功能距离首先要保证向外通过宽度，座椅后背设施功能距离最大值参考图3-14中坐姿时上肢的动作尺寸中侧面的轨迹C，最大距离为1200mm。座椅后背设施功能距离推荐值，以第95百分位的上肢功能前伸长为参考值。

$$座椅后背设施功能距离 推荐值 = \frac{1}{2}[上肢功能前伸长(P_{95男} + P_{95女})] =$$

$748mm \approx 750mm$。

小桌板功能距离，是指小桌板中心线至人体正坐时上躯干中心线的距离。小桌板功能距离的范围以第5～第95百分位的人体前臂加手功能前伸长为参考。即：

$$\frac{1}{2}[前臂加手功能前伸长(P_{5男} + P_{5女})] \sim \frac{1}{2}[前臂加手功能前伸长$$

$(P_{95男} + P_{95女})] = 294mm \sim 354mm \approx 290mm \sim 350mm$。

行李架高度推荐范围以第50～95百分位的人体双臂功能上举高为参考值，即：

$$\frac{1}{2}[双臂功能上举高(P_{50男} + P_{50女})] \sim \frac{1}{2}[双臂功能上举高(P_{95男} +$$

$P_{95女})] = 1932mm \sim 2057mm \approx 1900mm \sim 2060mm$。

嵌墙式衣帽钩高度推荐范围以图3-11坐姿近身垂直作业空间范围中男、女的手指抓握轨迹线为参考，即1500mm～1600mm。

走廊宽度的极小值以第95百分位男的人体胸厚为参考值，即：

走廊宽度最小值 $= 2 \times 胸厚 P_{95男} = 490mm$

（2）座椅排布方式

目前国内外高速列车座椅的排布方式主要有单向式、对坐式、观光式、群集式、混合式、办公会议式等，其中以单项式、对坐式居多。座椅排布方式主要由车厢的尺度、客容量大小所控制，我国高速列车客容量需求大，车厢的宽度较之欧洲的列车要宽大，因此我国的 CRH 高速列车大多采用 2 + 1 的 VIP 座椅、2 + 2 的一等座椅、2 + 3 的二等座椅单项式的排布方式。（图 3 - 16 ～ 图 3 - 18）

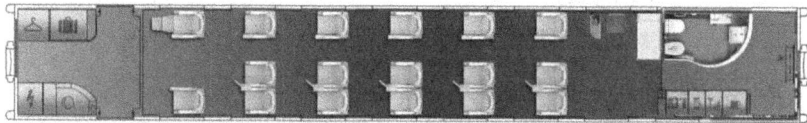

图 3 - 16　2 + 1 的 VIP 座椅排布

图 3 - 17　2 + 2 的一等座椅排布

图 3 - 18　2 + 3 的二等座椅排布

图 3 - 19 是六种一等座椅排布方式的平面图，我们统计一下便可看出，除了观光式的座椅排布座椅容量为 20 个，其他排布方式在同一车厢长度（6360mm）内，座椅容量都是 24 个。也就是说，在保证客容量的情况下，座椅的排布方式是可以进行大胆创新的。对坐式的座椅排布方式的优点及特征在于，有利于乘客之间的交流互动，座位间设置一个大桌板便可，不必在每个座椅的后背或侧面设施小桌板；群集式的座椅排布方式可以留出较大的活动空间，乘客间交流互动更自如，适用于短途的城际列车和结伴而行的乘客乘坐；混合式的座椅排布方式多样，待高速列车像飞机一样，乘客可以自选座位时，便可根据自己的喜好、需求来选择座位。

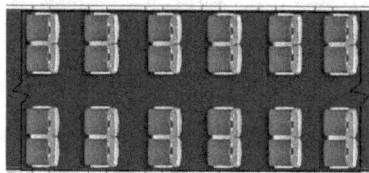

（1）单向式

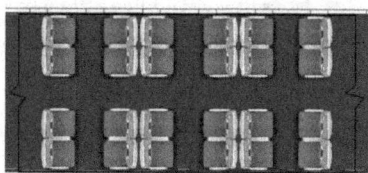

（2）对坐式

（3）群集式

（4）混合式

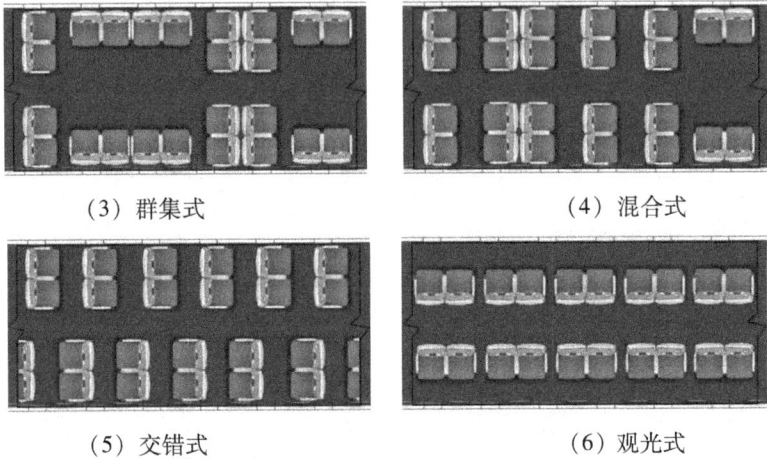

（5）交错式

（6）观光式

图 3 - 19　座椅排布方式

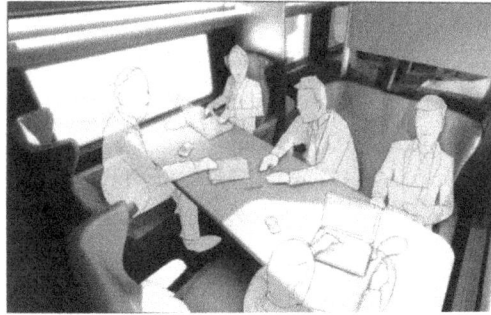

图 3 - 20　观光式的 VIP 座椅排布　　图 3 - 21　TGV 办公会议式座椅排布概念设计

（3）高速列车车厢空间尺度

高速列车车厢的长度和宽度决定着座椅的容量和车辆的定员人数。在设计决策过程中，无论是先定位车厢几何参数再设计座椅空间布局，还是先设计座椅容量、空间布局再确定车厢几何参数，都应对车辆的尺寸进行大致的了解，表 3 - 4 为整理收集的中国、德国、法国、日本主要车型的长度、宽度、高度及车辆定员人数。中国、日本的车体宽度要比欧洲国家的宽，客容量比德国的高速列车高出进 1 倍，客容量最少、空间最为宽松的为法国的高速列车。

表 3 - 4　国内外主要车型几何参数（单位：mm）

车型		中间车体长	车体宽	车体高	8 编组定员/人
中国	CRH1	26600	3328	4040	668 人
	CRH2	25000	3380	3700	610 人
	CRH3	24775	2950	3890	556
	CRH5	25000	3200	4270	602
	CRH6	24500	3300	3860	554
	CRH380A	25000	3380	3700	483
德国	ICE1	20160	3020	3840	645
	ICE2	20160	3020	3840	391
	ICE3	23975	2950	3950	360
	ICE - T/TD	25100	2850	3840	390
法国	TGV	18700	2904	3480	12 节编组：522
	AGV	17300	2985	—	11 节编组：446
日本	0 系	25000	3380	3975	6 节编组：404
	100 系	25000	3380	4000	6 节编组：394
	200 系	25000	3385	4410	12 节编组：1018
	300 系	25000	3380	3650	16 节编组：1323
	400 系	20500	2950	3970	7 节编组：399
	500 系	25000	3380	3690	608
	700 系	25000	3380	3650	571
	800 系	25000	3380	3650	6 节编组：392
	E1	25000	3380	3700	12 节编组：1235
	E2	24500	3380	3700	630
	E3	10500	2950	4080	7 节编组：394
	E4	25000	3380	4485	817
	E5	27000	3350	3650	731

3.3.2 座椅空间布局的功效性评价方法

（1）图形图像法

图形图像法是指利用计算机图形图像软件，如 Auto CAD、Adobe Illustrator 等，以平面图的方式，快速对座椅排布方式及乘客行为路线等进行图形图像模拟，座椅容量、平面尺度及行为路线可以量化和统计，以计算客容量、排布方式的合理性及布局模块分布的合理性、可行性，等等，该方法适用于初步设计阶段。

如图 3-22，在保证合理座间距、统一座椅尺度基础上，对单行式、混合式一等车厢座椅排布方式进行设计和平面图形图像模拟，统计得出单向式排布方式的客容量为 60 人，群集式与对坐式混合的座椅排布设计的客容量为 72 人。而在这两种排布方式要求座椅靠背的倾斜方式有所不同，单行式的座椅靠背可向后调节，也可坐垫、靠背一体式向前调节，而对坐式的座椅由于后排座椅的限制，靠背倾斜只能采用坐垫、靠背一体式向前调节的方式来实现。利用此方法可简单快速地对客容量进行统计及试探不同排布方式的合理性。

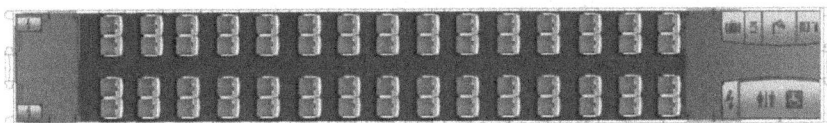

定员：60 人

定员：72 人

图 3-22　一等车厢不同座椅排布方式

图 3-23 为 VIP 包间的功能设施布局图，利用带有平面尺度关系的色块来模拟不同的功能设施或功能区域，在图形图像软件中，对各个模块的位置大小进行布置设计。如 VIP 座椅的尺度是一定的，那么在 1845mm 宽度的包间内设置两排座椅后，剩余可用空间为 320mm，此处可设置茶几、行李箱存放、小桌板等，并可从图上直观快捷的设计观察各个功能设施模块的放置位置。

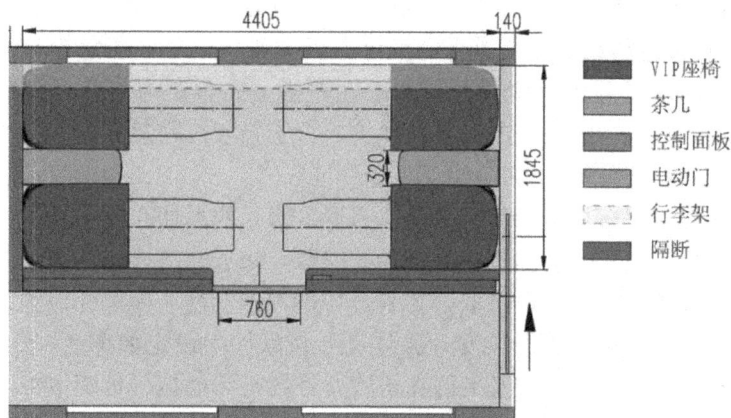

图 3 - 23 VIP 包间功能设施布局平面图

图 3 - 24 为二等车厢乘客行为路线分析图。将已设计好的平面布局图导入至图形图像处理软件中，绘制乘客上下车、通过走廊、内侧乘客向外侧走廊通过、去往洗手间、盥洗室等功能空间使用的行为路线图，可对乘客可能出现的行为路线方向、是否可能出现拥堵、冲突、碰撞等状况进行分析，还可对路径的长度作比较，以判断哪种空间布局方式的设计更高效。

图 3 - 24 二等车厢乘客行为路线分析

（2）计算机虚拟现实技术

计算机技术、信息技术、生命科学、心理学、工程科学和设计学等科学技术的迅速发展为人机工程学的虚拟现实提供了重要的理论和技术支持。实现计算机高性能的图形计算能力建立三维图形化、交互式并且真实化的虚拟场景和仿真评估平台。虚拟现实技术在产品设计、汽车设计、军事领域、航空航天、服装设计与展示、影视动画等领域有了快速的发展。目前市场开发的虚拟现实系统有 JACK、Delmia、eM - Humand 等。

由 NASA 和宾夕法尼亚大学共同资助，由 Balder 等人开发的 JACK 虚拟仿真系统，具有弹性的脊柱和四肢，并且通过逆运动学进行链接。

JACK 可进行可及性分析、视觉干扰、物体冲突分析，力、姿势及运动分析等。JACK 分析系统在轨道交通设计方面主要应用于司机室操作界面及乘客界面的仿真分析及相关人因功效性评价。如车厢内乘客行为路线分析、座椅布局、功能设计的可行性评价、行李架人机因素分析（如 NIOSH 举升分析、疲劳分析）等。

对座椅空间布局虚拟仿真之前，需导入简化的车厢座椅模型并设定人的尺寸、数量位置、动作、行为路径等内容。如车厢座椅布局及走廊设计的功效性分析，首先，可选取第 5 百分位的中国女性人体尺寸作为设计极限值进行分析，第 5 百分位女性人体尺寸在软件中设定如图 3 - 25 所示。图 3 - 26 为虚拟场景模拟及人群在走廊通过的行为模拟，可观察人与人和人与座椅之间是否存在碰撞冲突的情况。图 3 - 27 为第 5 百分位的中国女性存放行李的动作模拟，蓝色区域为 JACK 计算得出的左、右手的可及空间。图 3 - 28 为坐姿姿态时的疲劳分析，包括躯干肌肉活动水平以及脊椎关节受力评价等内容。虚拟现实仿真技术的评价方法适用于初步设计完成后、制造实车之前阶段，对设计方案的评估。

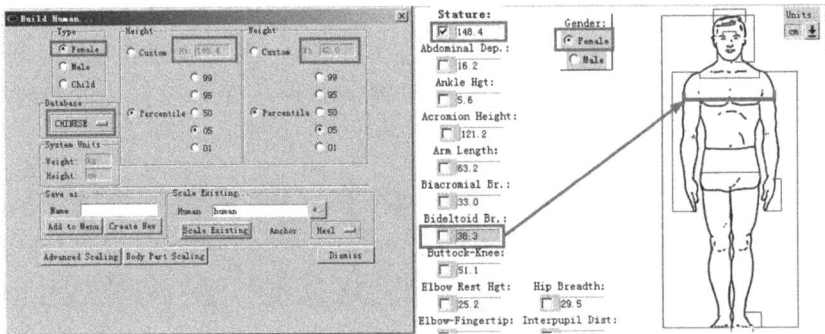

图 3 - 25　第 5 百分位女性人体尺寸设定

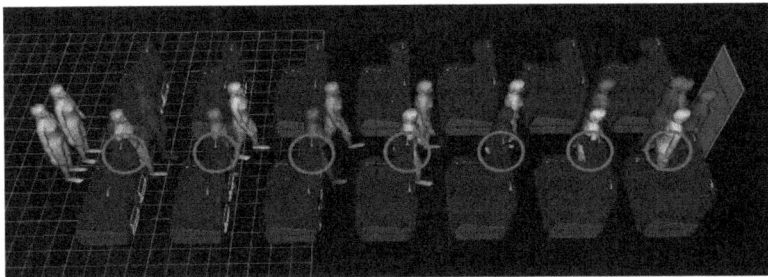

图 3 - 26　JACK 中的一等车厢空间场景及通过走廊的行为模拟

图 3 - 27 第 5 百分位女性举放行李的动作模拟

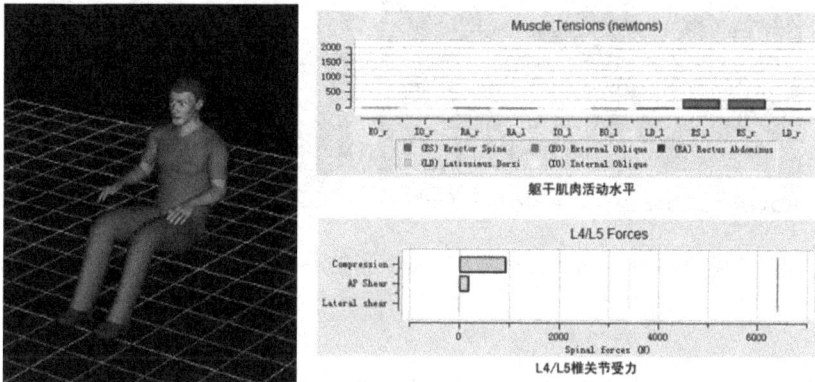

图 3 - 28 坐姿的躯干肌肉活动水平和脊椎关节受力评价

（3） 实车实验法

实车实验法，是在生产制造完成后对样车的空间布局功效性、可行性等的评估检测。在真实的实车条件下，展开实验设计，对车内的功能设施、空间布局等进行评价，发现问题时及时进行调整，以保证投产进入市场车辆的质量和性能。以下以紧急情况下疏散演练实验分析举例。其目的是在紧急疏散的情况下，对车厢平面布局及端部空间设计的合理性进行验证，实验车位 CRH380A 型车 6 号二等车厢，定员人数为 85 人。在车厢的关键部位设计摄像头，以录制观察疏散人员流动情况，如图 3 - 29 所示。

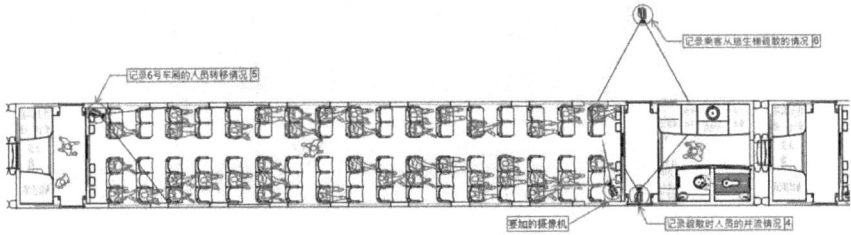

图 3 - 29 摄像头安放位置

通过录像的回放观察，这次疏散是 85 名人员离开 6 号车厢，共耗时 1 分 43 秒，其中，85 名人员都未带任何行李只身离开。从图 3 - 30 中可以看出，乘员以单排快速行走方式从端部疏散离开时，次序井然有序，但是在车厢端部的过道处，两侧凸出的扶手阻碍了人员的疏散（图 3 - 31），需要进行调整，可改为内嵌式的扶手。

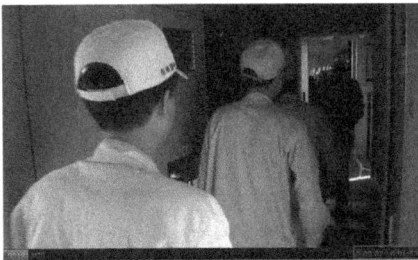

图 3 - 30 6 号车厢前面的端部人员疏散

图 3 - 31 端部过道扶手阻碍人员疏散

3.4 乘坐需求模型及座椅功能配置

3.4.1 乘坐需求与功能配置模型

基于 KANO 需求模型，对以上乘客需求进行归类，包括基本需求、期望需求、振奋需求。基本需求对应的功能配置则是座椅及座椅周边设置必须要满足的，期望需求对应的功能配置越充分，乘客的满意度就越高，振奋需求对应的功能配置则是提升产品附加值，加强座椅产品品质，得到乘客青睐的设计创新点。

乘客的基本需求，主要对应乘客在乘坐过程中的生理需求，包括饮食、睡觉休憩；期望需求主要对应的是乘坐过程中的行为需求，包括视听娱乐活动、交流互动、阅读、观景、存放物品；振奋需求则主要对应的是心理需求，包括私密空间、审美或文化等情感共鸣等。基于此构建乘坐需求及功能设置模型，如图 3 - 32 所示。

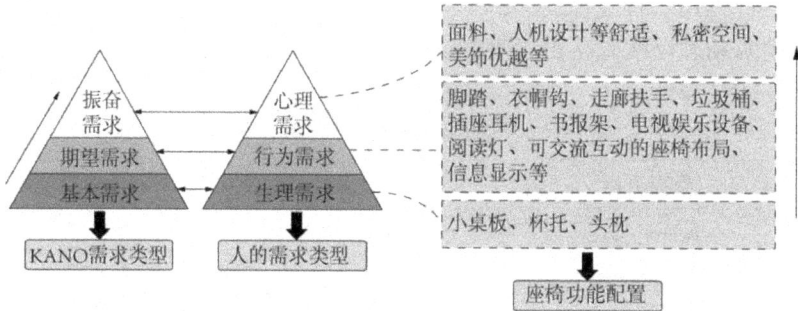

图 3 - 32　乘坐需求及功能设置模型

补充功能。

①在座椅明显的位置设置识别性强的座位号。

②座椅可设置头枕、头枕侧靠供乘客坐躺着睡觉休憩使用，也可设计为具有足够支撑力的前置小桌板供喜好趴着睡觉休息的乘客使用。

③座椅空间布局设计可多样化，如设置相对式的座椅布局形式，方便小群体乘客的交流互动。

④在行为需求中，休息和休闲类行为持续时间最长，可作为行为类型的期望需求，座椅或座椅周边设施应尽量实现这些需求的功能，以提升乘客的乘坐满意度。

3.4.2　座椅空间布局

考虑的着眼点不同，座椅空间布局设计方式及呈现则不同。若以保证较大的客容量为着眼点，则座椅空间布局设计在尺度、排布方式的设计上不触底，即不超越极限值的情况下，选择边缘值；若车辆内装定位舒适宽敞，则空间布局尺度设计在推荐范围内，排布方式可更加多样化。本节从空间尺度设计、排布方式两方面，并从安全便捷、舒适的角度叙述座椅空间布局设计的基本原则。

首先从安全的角度。在火灾、车体碰撞等紧急情况下，座椅空间布局设计应满足快速逃生或提供安全措施等的安全性要求。另外，座椅空间布局的尺度关系、排布方式还应满足停靠车站时，乘客能够快速乘降，以提升乘坐效率；座椅排布应尽量使每排的乘客对应车窗，以方便乘客观望窗外；在保证客容量的情况下，座椅的排布方式可以进行创新设计，为满足结伴而行的小群体乘客交流互动的需求，可设置多样化的布局方式，如对坐式、群集式或者混合式等；空间布局尺度方面，将 3.3.1 乘客乘坐的静态尺度和动态尺度总结得出座椅空间布局的尺寸极限值及参考范围整理为见表 3-5。

表 3-5 座椅空间布局尺寸（单位：mm）

参数名称	范围	最小值
纵向座间距	800~950	—
横向座间距	—	430
向外通过宽度	—	220
座椅后背设施功能距离	750~1200	—
小桌板功能距离	290~350	—
行李架高度	1900~2060	—
嵌墙式衣帽钩高度	1500~1600	—
走廊宽度	—	490

3.5 本章小结

对用户需求和功能配置理论、用户需求的获取方法进行了综述。通过线路调研、用户访谈、行为观测分析法，分析了高速列车上的乘客乘坐一般行为模式，提出现有高速列车座椅存在的问题，并基于乘坐需求特征及行为模式，构建了乘客乘坐需求及功能配置模型；通过"人—椅—车"静态空间及行动空间的分析，提出了座椅空间布局设计建议，并提出了三种座椅空间布局设计的功效性评价方法。具体如下。

①基于层次需求模型以及 KANO 模型，座椅的功能配置层次首先必须满足人的生理需求，尽可能最大化的实现行为需求，在此基础上满足人的心理需求，符合用户的个性追求等，通过造型、色彩等工业设计手段来激发用户的喜爱，吸引乘客。

②座椅的功能配置主要是由乘客在乘坐过程中的生理需求和行为需求所决定的。

③用户获取方法主要有问卷调查、用户访谈及行为观察三种。

④通过高速列车上乘客及乘务员访谈，总结目前我国高速列车座椅存在的问题主要有以下几方面。

A. 在功能上，设置不周全，且有些操作不方便。

B. 在形面上，如靠背形面、扶手、头枕等人机形面舒适性设计欠佳。

C. 在材料上，乘客反应坐垫偏硬。

D. 在布局上，形式单一，部分乘客选择对坐式布局。

E. 在认知、识别上，座席号的美学设计功能性欠佳，不易识别。

⑤通过行为观察分析法，将乘客的行为分为生理行为、休息行为、休闲行为及环境应对行为四种类型。在整个乘坐过程中，持续时间最长的是休息行为，其次是单人休闲类行为和交流类行为，这两种可作为乘坐行为的期望需求，在功能配置上细致考虑这两方面的需求以提升座椅功能设计的满意度。

在上车后的前一个小时内，持续时间最长的为生理行为，其次是单人休闲，交流和休息行为相对较少；生理行为、单人休闲行为在后 4 个小时时间段内呈下降趋势，休息和交流活动呈上升趋势。建议乘务员收集垃圾的时间在乘车 1 小时以后。

⑥基于以上乘坐需求特征以及行为模式，构建了乘坐需求与功能配置模型，并提出了高速列车座椅功能配置建议。

⑦通过"人—椅—车"静态空间和行动空间的分析，得出座椅空间布局的尺度设计建议，给出了参考范围及最大和最小极限值。

第4章 美学设计

美饰，是提升产品附加值的一种工业设计手段，美饰如何更好地提升产品附加值则是一门学问，"设计美学"学科。好的美学设计不是简单的贴花配色、崇尚优美华丽，而是对产品内涵更深层次的追求。例如，产品美学设计的文化认同感、舒适感、给予消费者的归属感、品牌理念的体现等，这些内涵往往是用形、色、纹作为视觉介质、元素来体现的。不同的色彩与纹案就像五线谱上的音符，相互搭配便可传递出千变万化的风格类型和感性信息（如地域文化、风格样式或者主题等）。色彩、纹案是传达内涵信息的直观视觉符号，人们直接用眼睛去观看，不仅在形式上使人产生视觉联想，也可唤起人们思索联想，进而产生移情，达到情感上的共鸣，根据经验感知到其中的信息和蕴意，是一种不用言传便可意会的认知体验。

经验丰富的优秀设计师像作曲家一样，将色彩、纹案精致的组合搭配在五线谱上，精通熟练的运用色彩和纹案来展示美饰的功能、风格特征及品牌内涵。高速列车车厢具有狭长、单一的独特空间特征，座椅占有大面积的物理空间和视觉空间，座椅的美学设计如何给乘客以情感上的共鸣、达到舒适的视觉体验、表达列车的品牌理念，是本章所要探讨的问题，同时提出视觉跟踪技术、感性工学技术两种对列车座椅美学设计的评价方法，并给出列车座椅的美学设计建议。

4.1 高速列车座椅美学设计概述

4.1.1 美学设计的视觉功效

美饰设计中的色彩、纹案，在有色光的反射条件下，引起人视觉神经的认知，并得出感观或情绪上的结论与判断。色彩有明暗、冷暖、鲜艳灰沉之分，不同属性的色彩表现出不同的认知特征，如冷静、敞亮、轻松、温馨等，环境色彩影响人的潜在意识和情感[76]，列车座椅美学设计可应用色彩、纹案的属性以达到想要表达的视觉功效和氛围特征[77]。

色彩冷暖对比具有收缩、膨胀的心理效应，暖色调使人感到温暖、温馨或热情，冷色调则使人冷静、清新，如图 4-1 所示，车厢空间以粉红色暖色调为主的座椅蒙面设计，展现出温馨的视觉效果，偏冷色的地板和端墙平衡了空间中大面积的暖色，以避免暖色调面积过大而引起视觉上的不适或疲劳。

色彩的冷暖、面积大小的搭配可以重新塑造视觉空间。底色明亮、物象暗的视图中，暗的物象突出；纯度高的物象前移突出，纯度低的物象则后退下沉，在空间中的色彩设计，层次变化丰富的物象前移，变化平庸的则后退，如图 4-2 所示，空间中大面积使用灰色调座椅设计，如果没有枕巾明亮突出的色彩设计，则显沉闷，鲜亮的头枕跳跃于人的眼前，空间视觉效果低调而不失趣味。列车车厢的内饰设计还可以利用该属性，从视觉上扩大视觉空间，减弱乘客对车厢狭长窄小的心理感受，如图 4-3 所示，不同明度下的车厢空间视觉效果对比，第一个较高明度设计的空间视觉效果敞亮宽大，而第二个明度较低的则较之紧缩狭窄。

图 4-1　温馨的暖色调设计　　　　图 4-2　低调有趣的座椅设计

图 4-3　不同明度的车厢空间感对比

另外需要注意的是，色彩和纹案设计不当也会带来视觉上的不适或视觉空间紊乱、风格品质较差等负面影响。就像中医开药方一样，药量不够起不到治病的作用，下药过重反而会给病人带来更大的伤害。列车座椅的美学设计中色彩和纹案同样须讲求适中、平衡。站在视觉舒适的角度，列车座椅色彩设计应避免使乘客产生视觉疲劳，不使用过分刺激的颜色；避免大面积使用萎靡、呆滞、沉闷、阴暗的色调，以防止使人产生烦躁不安或萎靡不振的感觉；列车客室人员较多，尽量考虑选用产生稳定宁静的配色及图案形式。从美学性要求的角度，车内主色调的数量不宜过多，应避免大面积使用高纯度或高明度颜色，可作点缀色应用；车内装饰用主色调彩度不宜过高；车内装饰用颜色明度不易过低或过高；车内色彩搭配具有一定的明度及纯度差异，以使空间色调不乏味。纹案设计尺度比例关系适宜，不宜过大；纹案图底色彩关系要求纯度及明度对比不宜过大，避免闪烁刺眼。

4.1.2　美学设计中的风格文化

纵观欧洲、日本优质的高速列车内饰设计，无不在列车座椅蒙面的色彩、纹案设计上花尽心思，取悦乘客消费者，或者博得消费者的文化认同感。例如，由法国阿尔斯通运输公司自主开发的 AGV 高速列车内饰设计（图 4-4）为体现高品质、简约和奢华时尚的风格特征，经济舱和商务舱的色彩使用大胆、丰富，对比强烈，浪漫梦幻的感观效果突出，商务舱座椅色彩以温和含蓄的淡灰色为主，嫩绿色的点缀平衡了视觉空间的沉闷，营造出优雅宁静的氛围，经济舱使用鲜艳的橘红色和紫色，显得明快、时尚。

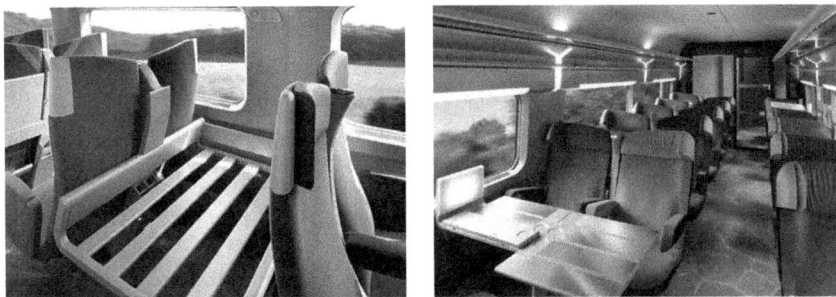

图 4-4　AGV 座椅

再如日本由九州乘客铁道（JR 九州）开发及营运的新干线 800 系，其内装是典型的以地域文化为主题的内饰设计。为体现九州独特的风格，与一般车辆上大部分使用的金属与塑胶等材料不同，800 系车内的座椅椅背、扶手、折叠小桌乃至于座面用樟木材质制造，搭配上西阵织布样①的椅垫。除了追求特殊的风格外，轻量化以减少车轴负重也是采用木材的主要原因之一。车窗的遮阳帘使用下拉式的竹帘，整体的感觉给人一种强烈的和式印象，使乘客产生本土文化情怀的共鸣（图4-5）。

图4-5　新干线800系座椅及遮阳帘

从以上两个案例中不难看出，色彩、纹案、材料在表达风格文化内涵方面起着至关重要的作用，色彩纹案能否体现目标定位的风格特征，搭配是否合理到位，这需要设计师在创作灵感、图案符号的寓意、文化来源等方面下功夫，查阅资料、实地调查、搜集素材等，并在此基础上进行全新的创作或者素材的提取和演变。

图4-6~图4-8是以我国西北地域文化为主题风格的内饰设计案例。设计师将灵感落脚在回族文化上。该地区的乡土性格纯朴、热情、奔放，民族特色鲜明，充满异域风情；服饰设计上色彩鲜艳，装饰感强，多镶边；是古代丝绸之路的源地，伊斯兰文化、佛教等多种文化相交融。列车座椅色彩以回族人在建筑、服饰上喜欢用的蓝色和白色为主色调，该色彩给人的感觉是干净、清爽、神圣的，具有典雅、纯净的美感。图案为回族人民服饰上常用的四方连续花纹。

深蓝灰色 RGB：67-88-102
浅蓝灰色 RGB：128-141-146

图4-6　主色调的提取

---

① 西阵织，织物名，日本国宝级的传统工艺品，因其出产于日本京都的西阵地区而得名。

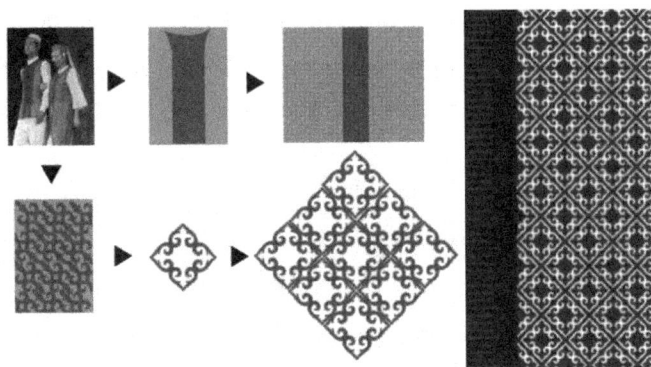

图 4 - 7　纹案的提取演变

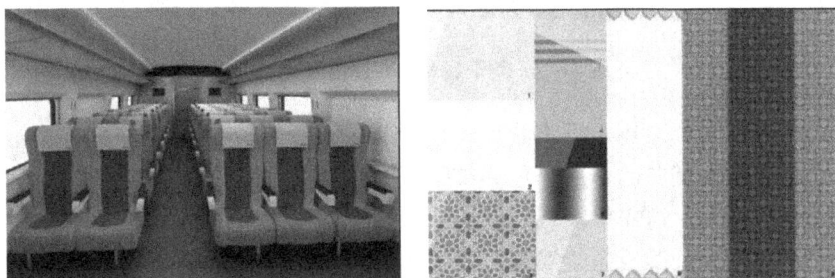

图 4 - 8　体现西北地域风格的列车内饰设计

4.1.3　美学设计中的品牌形象

品牌形象是企业或其他机制向公众展示自身人文理念和精神的文化形象。它是一种无形的资产，拥有一个良好的品牌形象，会提高公众知名度和美誉度，赢取消费者的信任或喜爱，从而使其在市场竞争中具有优越性和独占性[78]。美国著名管理学家乔治认为，品牌直接带来市场优势，品牌带给消费者功能和情感价值，消费者之所以愿意购买强势品牌的产品，更多的是因为他们支付了情感价值。

目前世界上高速列车运营主要有国家运营和企业私营两种方式，国家运营，如我国的中国铁路总公司、法国国营铁路公司（SNCF）、意大利国家铁路；私营企业，如德国联邦铁路总公司（DB，由德国联邦铁路和德国国营铁路合并，实现私有化）、意大利新客运铁路公司（NTV）、英国的维珍铁路（Virgin）等。他们的品牌形象特征体现出两种类型：一是以国营企业或前身为国营企业的私营公司开发运行的高速列车大多体现出对该国文化、国民精神的诠释，集中体现文化性、民族性；而私营企业开发运行的高速列车则体现出多样化，但紧扣本企业的经营理念和文化形象。例如，法国的 TGV、AGV 无论是在车体外观还是车厢内饰都表现出法兰西的民族热情和浪漫的天性；德国的 ICE 系列则体现出日耳曼民族严谨、理性、一丝不苟的民族特性；日本的新干线则延续了日本人讲求经济效益、崇尚自然的民族特征。私营企业如英国的维珍铁路公司开发的英铁 390 型动车组在外观、内饰设计上紧扣维珍集团的企业形象，如车体涂装造型、色彩设计是由维珍铁路的 LOGO 演变而来，车内座椅的色彩也是维珍铁路的形象颜色，即红色、黑色和灰色（图 4 - 9）

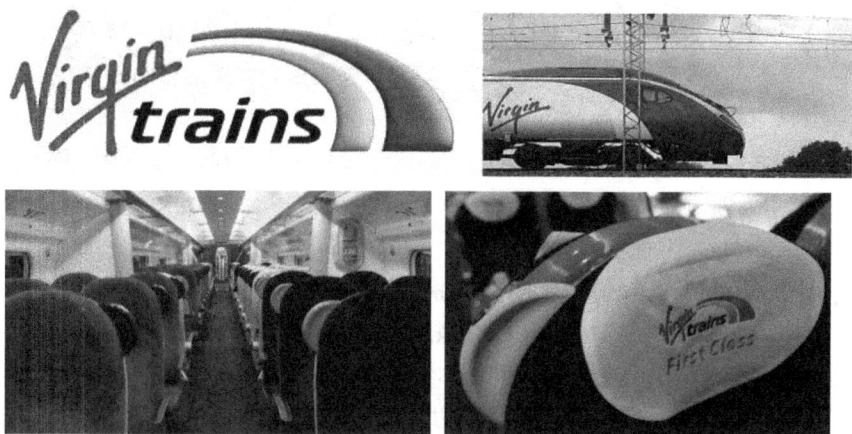

图 4 - 9　英国维珍高速列车

高速列车品牌的构建路径广泛丰富，从列车品质服务体系上讲，功能齐全快捷、服务全面周到、安全舒适、绿色环保等技术、服务层次来构建整体完善的品牌形象。从视觉体系上讲，车站、网站、车体外观、内饰装潢、乘务员服装、形象 LOGO 等，应具有固定、识别性较强的视觉形象符号。高速列车内饰装潢设计则主要通过色彩、图案、LOGO 符号等来体现产品或企业的品牌特征。下文以意大利的 ITALO 高速列车的内饰设计为案例来阐述美饰的品牌形象体现。

ITALO（伊塔洛）高速列车是由阿尔斯通公司为意大利新客运 NTV 公司研制的新一代 AGV 列车，该列车在安全性、生态性、舒适性方面具有较高性能。NTV 公司由法拉利集团的总裁 Luca Cordero di Montezemolo、意大利著名皮革品牌 Tod's 的总裁 Diego Della Valle 和另外两名生意人一起投资创立的公司。ITALO 的车厢内部由著名的意大利汽车设计师乔治罗亚设计，内部设计精湛、高级、想象力和创新性极佳，设计风格展现了意大利风格的雅致奢华情调，车内服务设施齐全考究，在欧洲可算顶级。ITA-LO 的名字意为意大利，彰显了意大利人的梦想、感情和爱国精神。ITALO 列车的 LOGO 为"一往无前的兔子"，兔子有速度的象征，另外兔子的形象是很温顺可爱的，表明意塔罗是乘客可信任的朋友，在旅途的行程中始终与乘客相伴。列车车体基调与法拉利汽车一样选用红色点缀金色的色带来象征速度。在车站有专门的 ITALO 候车室，成为 ITALO 之家，鲜明的红色和兔子的标志显而易见，令人印象深刻（图 4 – 10、图 4 – 11）。

图 4 – 10　ITALO 专用候车室　　　　图 4 – 11　ITALO 车头涂装设计

　　为了满足乘客的多样化需求，ITALO 列车提供三种主要的车厢形式：头等车厢（Club）、商务车厢（Prima）、经济车厢（Smart），另加商务休闲车厢（Prima Relax）和智能影院（Smart Cinema），共五种类型（图 4 – 12 至图 4 – 14）。座椅的色彩设计鲜明独特，高质舒适，无论是经济车还是头等车的座椅蒙面都是由意大利著名奢侈家具品牌商 Poltrona Frau 制造的真皮面料。在整个内部设计中主要通过两方面体现了 ITALO 的品牌形象，一是稳定的色彩基调，精致简洁的座椅造型，如列车座椅色彩以为橘红色、灰色和黑色为基调，皮革面料的蒙面没有做纹案的装饰，只是在造型上做了一些简洁精致的横向分模线，拥有较强的设计感、品质感。第二个方面则是无处不在的简洁 LOGO。精致的兔子 LOGO 出现在每个座椅的枕巾上，就连收听媒体设备的耳机上也有兔子的 LOGO，加深乘客对品牌的亲和力，并在无形的将 ITALO 的品牌符号烙印在乘客的脑中（图 4 – 15）。

图 4 – 12　ITALO 商务休闲车厢　　　　图 4 – 13　ITALO 商务车厢

图 4 – 14　ITALO 经济车厢

图 4 – 15　ITALO 耳机设计

4.2　高速列车乘客座椅美学设计评价方法

目前我国各类轨道交通车辆发展正处于黄金时期[79]，尤其是我国的高速列车，无论是在技术上还是规模上都处于大发展时期，与此同时列车内装设计越来越注重乘客多方面的人性化需求，其中包括审美需求[80]。在前期设计研发与方案评审阶段，除了安全、功能、布局、人机等基础问题外，乘客的审美倾向、大众对列车内环境美学设计方案有什么样的喜好认知、设计方案如何合理有效地评价也是设计师迫切想要了解的问题。

目前有关产品或空间美学设计的评价方法主要有三类：第一，经验主义的评价：定性的分析评价，如淘汰法、点评法、排序法等[81]。第二，主观评价：采用心理量表进行问卷调查，并通过数理统计将用户的感知特性进行量化分析的评价方法，如模糊分析[82,83]、神经网络[84,85]、感性工学[86-88]等。第三，客观评价：主要通过眼动视觉跟踪系统记录分析用户的视觉特征，从而得知产品性能绩效和用户的兴趣关注区域等[89-91]。经验主义的评价主要是由设计师或管理层在设计过程中对设计方案评价和选择，本节通过实验案例来阐释视觉跟踪技术和感性工学技术在高速列车座椅美学设计评价中的创新应用。

4.2.1　视觉跟踪技术在座椅美学设计评价中的应用

眼睛是人心灵的窗户，视觉跟踪设备，就是通过红外线等技术捕捉到眼睛瞳孔，记录观看过程中的眼动信息，如注视点位置、注视时间、瞳孔直径等，这些信息能够真实可靠地揭示观看人的在观察图像时关注的图像区域、读字学习、信息交互的效率等。

有关图像视觉认知特征（视知觉）的研究，早在 1935 年，Buswell 就开始展开人是如何观赏图片的相关眼动特性研究[92]。随着眼动、计算机图像处理技术的进步以及研究内容的深入，研究者就场景环境的视知觉特性（场景知觉 Scene Perception）展开研究，并逐渐形成较为成熟研究方法[93,94]。场景感知是基于人们如何观察二维图像及视频图像的研究[95]，列车内室环境设计评价借鉴其方法通过场景的二维图像模拟，进行眼动跟踪实验，分析用户的视觉倾向特征。

列车内室环境美学设计因素主要包括造型、色彩、图案。本实验是以在现有动车组二等车厢造型基础上，由专业设计师提供不同色调及图底关系的设计方案，采用主、客观相结合的评价方法，对方案进行满意度调查及用户视觉跟踪，以探讨不同色调及图底关系内饰设计的满意喜好度及用户视觉认知特征，为列车内室环境设计提供美学设计参考。

（1）评价指标

①满意度：用户对整体设计方案的喜爱偏好程度的评价，在实验过程中被试根据给出的李克特量表进行打分，由低到高五个分值，即不喜欢 1 分、一般 2 分、还可以 3 分、比较喜欢 4 分、很喜欢 5 分。

②平均注视时（Fixation Time Average）：是所有被试在某一兴趣区内注视持续时间的平均值。一般视点停留时间在 100ms 以上定义为注视。人们对信息丰富、具有语义内涵的区域注视时间较长。根据不同的刺激材料及研究目的，注视时间具有不同的指标含义，如在可用性及绩效性评价中，注视时间的长短反映某一区域的信息语义加工处理的难易程度[96,97]；在无知识信息的图像美学评价中，对关注区、兴趣点的探讨，注视时间越长代表用户对此区域的兴趣关注度越高[98]。

③注视点：一次注视称为一个注视点，注视点的分布反映注视的集中及离散程度，体现图像布局结构的优劣等。

（2）实验方法

①实验装置。实验用 22 寸纯平显示器，分辨率 1280 ×1024。采用德国 SMI 生产的 RED 桌面遥测式眼动跟踪系统（采样频率：60Hz），该系统采用瞳孔与角膜反射原理，通过可捕捉眼球运动轨迹的红外摄像头，自动记录统计被试眼球的注视位置、注视时间、位移顺序和距离等眼动数据（图 4 - 16）。

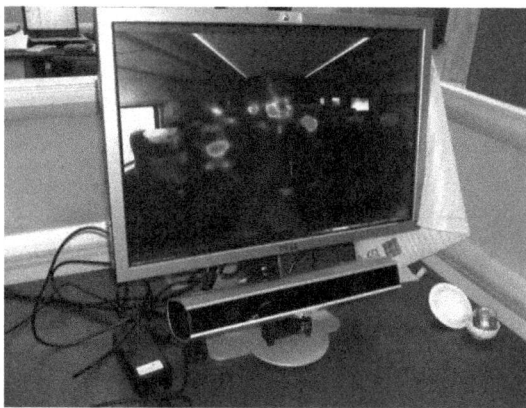

图 4 – 16　桌面式眼动仪

　　②实验刺激。专业工业设计师提供基于不同色调及图底关系的车内空间环境设计方案 9 套。方案所模拟的视角为人体站姿，位于端门处向内看的视野范围，能见范围大而且场景整体全面，包含的研究目标物体（座椅、头枕、地板、窗帘、端墙）也较为全面，以提高研究的外部效度。不同色调关系是将色调按照对比与单一的关系进行调和搭配；不同图底关系是指将具有显性图案、净面或隐性图案特征的表面材料附于空间中不同面积比例关系的各个物体，并进行互为搭配。共有净面、隐形、显性三种类型的图底关系。"净面"图底关系是指物体外表面无图案装饰，"隐形"图底关系是指物体外表面装饰图案的色彩及形状对比反差较小，"显性"图底关系是指物体外表面装饰图案的色彩及形状对比反差较大。如图 4 – 17 是实验刺激方案中座椅表面装饰设计的三种图底关系举例。

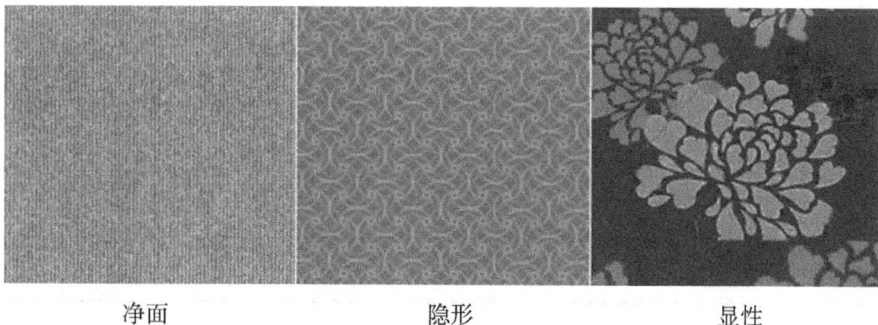

净面　　　　　　　　隐形　　　　　　　　显性

图 4 – 17　三种图底关系

　　基于不同色调关系的实验刺激组 1（图 4 – 18）共 4 套方案：冷暖对比搭配、明度对比搭配、单一冷色调、单一暖色调，基于不同图底关系的实验刺激组共 5 套方案，如表 4 - 1 所示。每个实验刺激方案使用同一个摄像机视角，图像大小及比例一致。

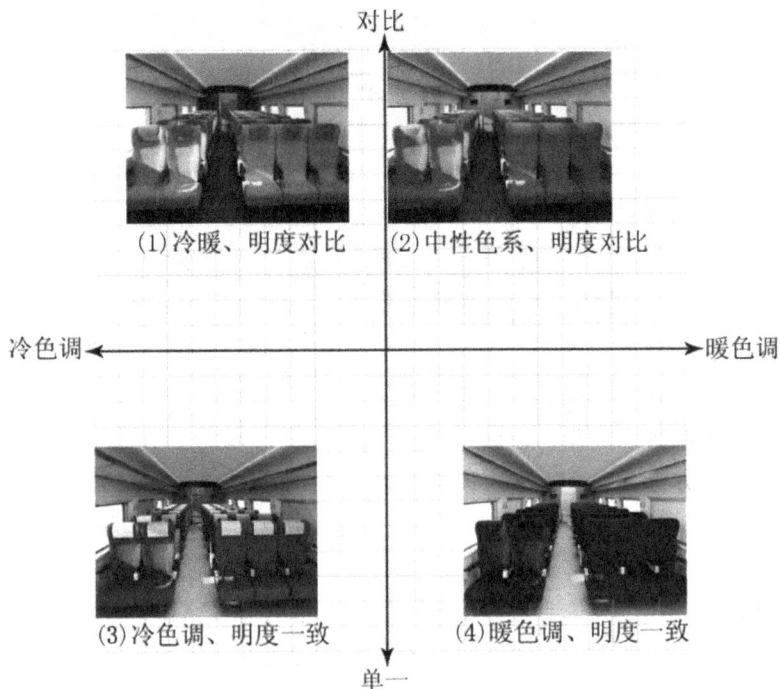

图 4 - 18　不同色调关系的实验刺激组 1

表 4 - 1　不同图底关系的实验刺激组 2

实验刺激	净面		隐性图底		显性图底	
	大面积	小面积	大面积	小面积	大面积	小面积
(5)	√					√
(6)			√			
(7)			√			√
(8)				√	√	
(9)	√		√			

③被试及实验任务。征集有效被试（眼睛校准精度误差在 1.0 度之内）共 19 名，年龄阶段为 20—45 岁之间，其中男 10 名，女 9 名。被试距离显示屏 60—80cm，在不受干扰、相对舒服的坐姿下，观赏随机出现的 9 套设计方案，每个实验刺激的呈现时间均为 12s，随后被试根据自己的感受对每个实验刺激的满意喜好程度进行打分。实验眼动校准采用 9 点校准，实验过程中每个实验刺激出现之前都进行一次漂移校准。

（3）实验结果分析

将每个实验刺激划分座椅、头枕、地板、窗帘、端墙及其他（侧墙及行李架）六个 AOI 区域（Area of Interest），各区域占总面积的比例约为：座椅（28%）、头枕（4%）、地板（13%）、窗帘（3%）、端墙（2%）、其他（50%）。

①主要兴趣关注区分析。图 4 – 19 为以上 9 套实验刺激中 6 个 AOI 区域的平均注视时间百分比及面积百分比。从中可明显看出，用户对各区域的关注程度与其占整个图像的面积并没有直接关系。在扫描过程中座椅区域的平均注视点及平均注视时间最大，其次是面积较大的侧墙行李架区域。表明用户对视线范围内最近并密切接触的座椅区域关注度较高，因此设计师应注重座椅部分的设计，将其作为车内环境设计的主体部分来处理。

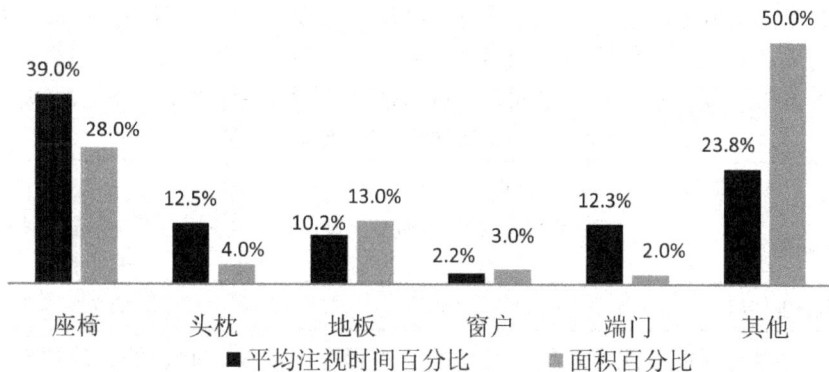

图 4 – 19　平均注视时间百分比及面积百分比

表4-2　实验刺激各 AOI 区域平均注视点及平均注视时间（ms）

		座椅	头枕	地板	窗帘	端门	其他
平均注视点个数		10.16	3.23	2.70	0.62	3.53	7.08
平均注视时间	1	2040.6	898.4	926.6	160.2	893	1483.6
	2	2441	383.2	1348.7	181.2	685.8	1855.3
	3	1565.3	558.0	611.5	66.0	499.4	1437.5
	4	2033.3	656.5	590.6	47.1	642.9	1708.8
	5	2417.6	850.3	504.7	174.8	1146.5	1167.5
	6	2650.5	649.2	557	19.9	877.4	1720.2
	7	2306.6	1461.6	186.4	120.4	441.8	1242.6
	8	3035.6	649.2	463.8	100.5	820.9	1245
	9	2871.3	725.7	371.7	339.2	722.3	1161.2

②不同色调搭配的用户满意度及视觉特征分析。表4-3为被试对实验刺激组1满意度评分的均值，具有对比色调特征的实验刺激比单一色调特征的实验刺激满意度评价高。进一步对不同色调搭配方案的满意度分值进行单因素方差分析（$F(1, 74) = 12.977$，$P < 0.01$）得出，不同色调搭配关系对满意度评价的影响显著。具有对比色调关系的车内环境视觉设计方案满意度评价较高，空间色调的冷暖属性对满意度的评价影响不大。

表4-3　实验刺激组1满意度评分均值

色调搭配	对比		单一	
	（1）冷暖/明度对比	（2）中性色明度对比	（3）同一明度冷色系	（4）同一明度暖色系
满意度均值	3.42	3.21	1.95	2.37

注视时间反应用户对某个区域的关注程度，注视时间越长，用户对该区域的符号或语义的吸引关注度越高。一一对比四套实验刺激方案，如图4-20，平均注视时间相对较大的区域为：方案（1）：头枕、端门；方案（2）：座椅、地板、窗帘、其他；方案（3）：无；方案（4）：头枕。这些区域除了方案（2）的"其他"区域外均有图案设计，且具有显性图底关系的区域注视时间较长，方案（2）显性图底关系的地板较方案（1）的隐性图底关系的地板平均注视时间长，如图4-21所示。

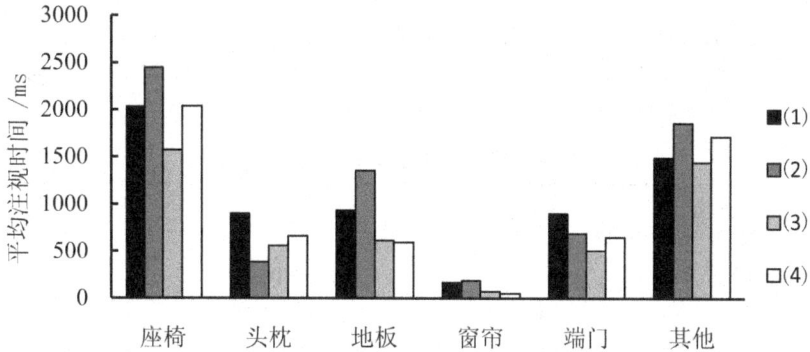

图 4 - 20 实验刺激组 1 各区域平均注视时间柱状图

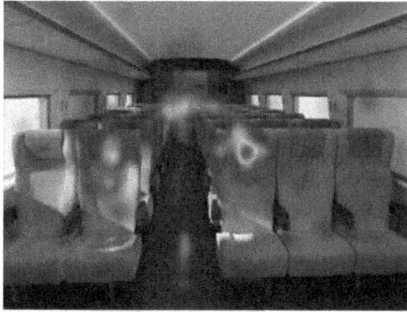

实验刺激方案 (1)　　　　　　　　　实验刺激方案 (2)

图 4 - 21 注视热点图

因此,被试在观看列车内饰环境设计方案时存在色调对比倾向性。具有冷暖/明度对比、层次分明的色调关系用户满意度评分较高,是影响整体满意度的主要因子,如满意度较高的实验刺激方案 (1),色相及明度对比差异适当得体,且图案分明;而实验刺激方案 (3) 和 (4),座椅区域明度一致,无冷暖对比,满意度评价较低。

③不同图底关系的用户满意度及视觉特征分析。对实验刺激组 2 按不同色调关系进行分组,如表 4 - 4 所示,并对满意度评分进行单因素方差分析 (F (1,93) =8.885,$P < 0.01$),得出不同色调搭配的满意度评价存在显著差异,再次验证上文的分析结果;对实验刺激组 2 按不同图底关系方案进行分组,并对满意度分值进行单因素方差分析 (F (1,93) = 0.402,$P > 0.1$) 得出,不同图底关系搭配方案的满意度评价差异不显著。

对比图 4 - 22 中实验刺激组 2 的各个 AOI 区域,平均注视时间相对较大的兴趣区域为：方案（5）：端门；方案（6）：座椅、地板、其他；方案（7）：无；方案（8）：头枕；方案（9）：窗帘。这些区域除了方案（6）的"其他"区域外均为显性图底关系，其他区域大部分为净面或隐性图底关系。

表4-4　实验刺激组2满意度评分均值

实验刺激	色调搭配	图底关系	满意度均值
（5）	单一	大面积净面	2.58
（6）	单一	大面积隐性	2.68
（7）	对比	大面积隐性	3.84
（8）	对比	大面积显性	2.89
（9）	对比	大面积显性	3.53

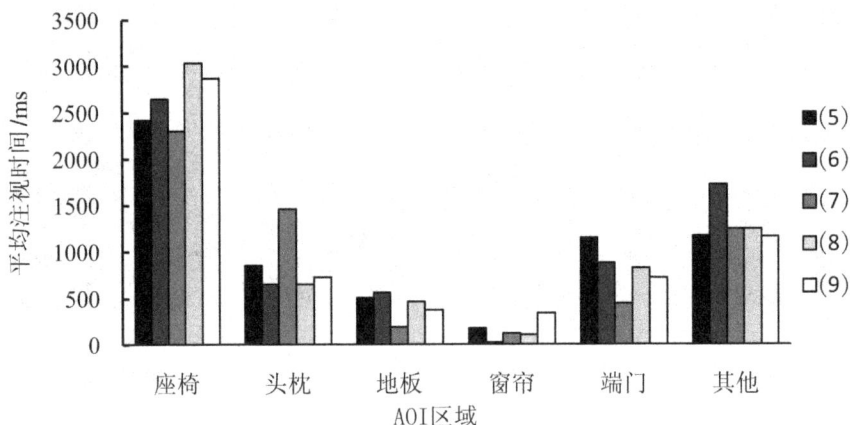

图4-22　实验刺激组2各区域平均注视时间柱状图

被试在观赏车内环境设计方案时，存在符号聚集效应（将图像中具有语义信息内涵的图案纹理等称之为符号）。即被试在观赏图像时，注视点在具有符号特征的区域内集中。如图4-23，实验刺激方案（7）为大面积隐性图案设计搭配小面积的显性图案，注视集中在抽象云纹图案的头枕区域；而实验刺激方案（6）采用大面积的净面或隐性图案搭配，图底关系不分明，被试在观看时注视点较多且呈离散状态。

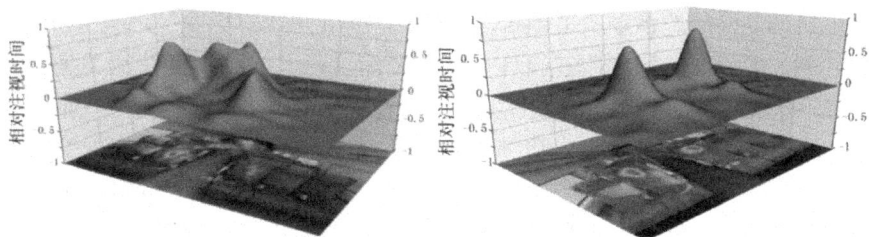

（a）实验刺激方案（6）相对注视　　（b）实验刺激方案（7）相对注视
　　　时间关系图　　　　　　　　　　　　　时间关系图

（c）实验刺激方案（6）注视点分布图　　（d）实验刺激方案（7）注视点分布图

图 4 - 23　相对注视时间及注视点分布图

（4）小结

采用主、客观相结合的评价分析方法，进行眼动视觉跟踪实验及满意度调查，对不同色调及图底关系的列车内室内设计方案进行满意度及视知觉特性分析，得到以下结论。

①用户对车内空间中座椅区域较关注，设计师应将其作为列车内室环境的主体部分进行设计处理。

②车内环境设计的色调关系对用户的满意度影响较大，冷暖/明度对比、层次丰富的车内环境美学设计方案评价较高；不同图底关系的设计搭配对满意度评价影响不大，用户对具有显性明快图案设计的区域兴趣关注度较高。

③被试在观赏列车内室环境设计方案时，存在色调对比倾向性及符号聚集效应。

4.2.2　感性工学技术在座椅美学设计评价中的应用

感性工学（Kansei Engineering）发展于 19 世纪 70 年代初期。最先应用在汽车设计制造领域，并且卓有成效，如马自达、尼桑、三菱、丰田、本田等，另外还应用到服装设计、家电设计等诸多领域。感性工学是一种人机学意义上的以消费者需求为导向用于新产品开发的技术[86]。即以消费者的感性需求为出发点，将其感受和意象转化为设计因素，指导设计定位、产品开发的技术。意象是一种心理反应，如人们对一个室内环境风格产生豪华的、温馨的、现代的等等诸如此类的情感、意象特征。人们在购买商品或者使用某种商品时往往有各自的心理期望，如人们希望自己要购买的手机是时尚的，希望所乘坐的高速列车是亲切的、现代的等。感性工学就是要求产品设计符合消费者意象和感受特征的技术，长町三生将这种技术称为"翻译为设计要素的技术"[99]。感性工学技术作为挖掘用户潜在感性需求的方法已较为广泛地应用在汽车、电子产品、服装设计等领域。邝俊生等[100]基于感性工学理论及产品平台设计思想，提出了一种产品客户化配置设计方法。高瞩[101]等基于感性工学原理从设计语义的量化上确定了产品形态传承的判据，提出形态传承的评价与优化方法。Akinori等[102]通过驾驶虚拟仿真装置，通过感性工学的方法研究车辆驾驶系统，提出该驾驶仿真装置存在的问题，并探讨驾驶员是如何感知并掌控驾驶行为的。Tomio等[103]阐述了感性工学在汽车内饰样式风格及设计规范研究中的应用。Rajkumar等[104]利用网络图像问卷先后调查已有产品及两个新开发产品，研究结果表明感性工学方法可应用在产品研发阶段以提升产品的成功率。

目前感性工学研究方法主要有三种，包括向前式的层次类别法、定量推论法以及向后式的感性工学计算机系统。所谓向前式是从总目标定位逐步推导出具体设计元素向前推进式的方法过程，向后式实际上是经过大量积累后得到的一个计算机知识储备系统，该系统根据总目标定位，可直接得出设计方案。

（1）层级类别法

层级类别法是采用层次推断方法，将消费者对产品的期望由感性因素逐次展开推断到设计因素，形成一个树状的关系图，最后的层级则是具体的设计因素细节，如造型符号、面料、色彩等。马自达的运动型汽车"Miyata"开发团队采用类别法，将"Miyata"感性的零层级为人机合一（Human – Machine Unity），随后将第一个层级归结为4个概念："紧密感"（tight – feeling）、方向感（direct – feeling）、速度感（speedy – feeling）、交流（communication）。通过研究分析，"紧密感"是指与机器有合适的空间，不能大也不能小，认为汽车的长度应该为4米左右，最终结果为3.98

米。设计师在第一级别未能得到具体的设计细节时，可继续向下归类，第二、第三……第 n 级别。

（2）定量推论法

定量推论即把人的感性因素通过数学统计分析及评价方法，将其加以量化并转化为设计因素的技术。一般采用语义差异量表（SD scale）做出评价，通过多元回归分析等统计分析方法，将定性的概念进行定量化的分析，从而得到感性词汇与设计因素的量化关系，以指导产品设计定位。

（3）感性工学计算机系统

感性工学计算机系统（Kansei engineering system KES）是应用计算机技术将消费者感性和意象特征转化为设计因素细节的专家系统。KES 先将消费者所期望的意象用形容词词汇表达，并输入到 KES 中，KES 将这些形容词与系统中的感性词语库进行匹配、检查识别，KES 通过推理机制由意象库转到图像库，最终输出相应的具体设计细节的图像，如造型样式、色彩等。因此 KES 具有相应的词汇库、意象库及图像库（即具体的设计因素），如图 4 - 24 所示。

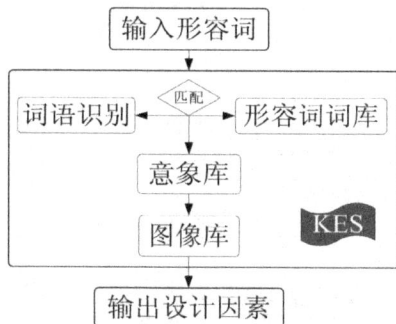

图 4 - 24 感性工学计算机系统

高速列车是一个高效、舒适的现代交通工具，乘客对车内环境设计的要求逐渐从功能性、实用性上升到审美性、文化性。马斯洛在《激励与个性》中将人的审美需求列于尊重需求（Esteem Needs）和自我实现（Self - Actualization）需求之间，在他的需求等级理论中属较高的需求层次。也就是说人们在乘坐高速列车时，希望能够体会到一种温馨、宜人或精致、高档等心理上的满足感和愉悦感，而乘客这样的感性心理特征是细微的、模糊的，并且是难以定性或者量化的。这是高速列车车内环境设计应当解决的问题。为此，运用感性工学技术，寻求来自于乘客本身的心理需求和反应，运用理性的评价分析方法，将乘客的感性需求转换为具体的设计因素，包括造型样式、色彩等，以指导高速列车车内环境设计定位，使其更加符合乘客的情感诉求。

①实验方案。以高速列车的二等座椅为例，收集国内外现有高速列车、客车、客机等二等座椅形式，由专业工业设计师提炼座椅的设计元素并将其归类。表4-5为座椅设计元素及归类，主要包括座椅靠背坐垫的分模线型、色彩和图案纹理。利用计算机技术组合不同的设计元素（表4-6），形成24种典型的座椅样式，如第一种座椅样为横向的分模线型、暖色调，图案为显性大图案。图4-25为两个设计图例，然后通过SD量表问卷调查让被试根据座椅图例做出评价。

表4-5　座椅设计元素

分模线型		色彩		图案纹理	
代码名称	图例	代码名称	举例	代码名称	图例
A1：横向		B1：暖色	黄色、红色等	C1：隐型大图案	
A2：纵向		B2：冷色	蓝色、绿色等	C2：隐型小图案	
A3：交叉		B3：中性色	咖啡色、米灰等	C3：显型大图案	
A4：曲线		B4：无彩色	白色、中灰、深灰等	C4：显型小图案	
A5：有机					

表 4 - 6　座椅样式设计搭配

设计元素	代码	1	2	3	...	24
分模线型	A1	■	■	■	...	■
	A2				...	
	A3				...	
	A4				...	
	A5				...	
色彩	B1	■			...	
	B2		■	■	...	
	B3				...	
	B4				...	■
图案	C1				...	
	C2				...	
	C3	■	■		...	
	C4				...	■

图 4 - 25　座椅设计图例

②评价分析。设计调查问卷时首先选出表达座椅风格样式的典型词汇，分别为简洁、时尚、优雅、稳重、现代。被试共 30 人，其中男性 14 人，女性 16 人。被试根据 5 点语义差异量表对每个座椅图例是否符合五种风格样式进行打分。然后运用数量化理论 I（Quantification I method）得出设计元素与风格样式的关系量表。数量化理论 I 是多元统计学的一个分支，研究定性变量（自变量）与定量变量（因变量）之间的关系，采用多元回归分析，建立数学模型，并实现对因变量的预测。本研究中座椅设计元素为自变量，因变量为被试对 24 个座椅图例是否具有五种风格特点的评价分值。

数量化理论 I 可以较好地分析设计因素与感性因素之间的对应关系。表 4-7 为设计元素与风格"时尚"的关系分析结果，可以看出有机分模线型、暖色系、隐性小图案的座椅设计元素是时尚的。表 4-8 为设计元素对风格样式的偏相关系数。偏相关系数是衡量设计元素对风格样式的贡献作用，系数越大则表明贡献越大。从表 4-8 中可以看出分模线型和图案纹理对时尚的贡献作用较大，而色彩相对较小。

表 4-7　设计元素与风格时尚的关系量表

设计元素	类型	偏相关系数	偏回归系数
			不时尚 -0.5 ←　　　→ 时尚 0.5
分模线型	A1	0.735	-0.053
	A2		0.056
	A3		0.051
	A4		0.270
	A5		0.492
色彩	B1	0.522	0.355
	B2		0.007
	B3		-0.348
	B4		0.045
图案	C1	0.651	-0.121
	C2		0.123
	C3		-0.440
	C4		-0.201

表 4 - 8 设计元素对风格的偏相关系数

	分模线	色彩	纹理
简洁	0.478	0.648	0.853
时尚	0.735	0.522	0.651
优雅	0.515	0.369	0.500
稳重端庄	0.434	0.112	0.600
精致	0.777	0.591	0.697

4.3 本章小结

本章通过设计案例分析的方法,对座椅美学设计的视觉功效、文化风格和品牌形象的体现进行了概述,分析了座椅的美学设计如何给乘客以舒适的视觉体验、表达列车的风格文化和品牌理念。并通过实验研究提出了视觉跟踪技术和感性工学技术在高速列车座椅美学设计评价中的应用方法,为设计师提供了设计方案评价的有效方法,对设计初级阶段的方案评审具有重要意义;并且最终给出了列车座椅的美学设计建议,为列车座椅美学设计和生产制造提供参考。

第5章　功能形态

5.1　功能形态与样式形态

5.1.1　概念

有形物以千姿百态呈现。有些形态美好、奇异、鲜明、独特，识别性强烈，惹人喜爱或印象深刻。有些形态的存在意义强烈，不一定鲜明独特，但一定有作用，比如凸起的驼峰相当于骆驼的食物贮藏室保证它长时间在干渴的沙漠里行走生存，再如大象用长长的鼻子卷起食物、吸水或者洗澡。无论自然界的形态还是产品形态，都具有这两种特征，称其为样式形态和功能形态。

功能形态是指具有功能作用的形态。如座椅腰靠的凸出高度、靠背断面、座面的曲度、扶手的倾斜度等影响乘坐舒适度、操作便利性、可靠性等这样的形态或尺度关系称之为功能形态。

样式形态单指起到美学装饰作用或识别功效的形态。例如座椅的色彩、纹案、LOGO 符号、装饰线等。

5.1.2　高速列车座椅关键功能形态模块分解

对高速列车座椅关键功能形态模块进行分解是下文中座椅人机几何参数及曲面形态研究的前提，益于细致、规范地对相关变量的分析，分解依据是可能对人体舒适度起影响作用的功能形态。如座高的高度过高或过低都会引起人的不适感（图 5 – 1）；靠背纵断面的曲线形式与人体背部近似坐姿脊椎形式的贴合程度会影响到舒适度。靠背坐垫曲面包括靠背纵断面、腰靠横断面、背部横断面、头枕横断面、坐垫横断面、坐垫纵断面，如图 5 – 2 所示。座椅基本几何参数包括座高、座宽、座深、座面倾角、靠背高、靠背宽、靠背倾角以及容膝距，如图 5 - 3 所示。

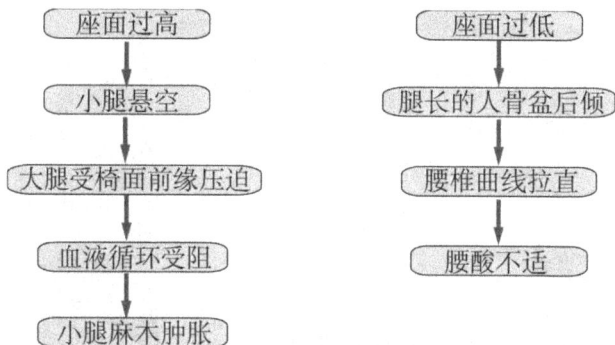

图 5 - 1　座高不适引起的人体反应

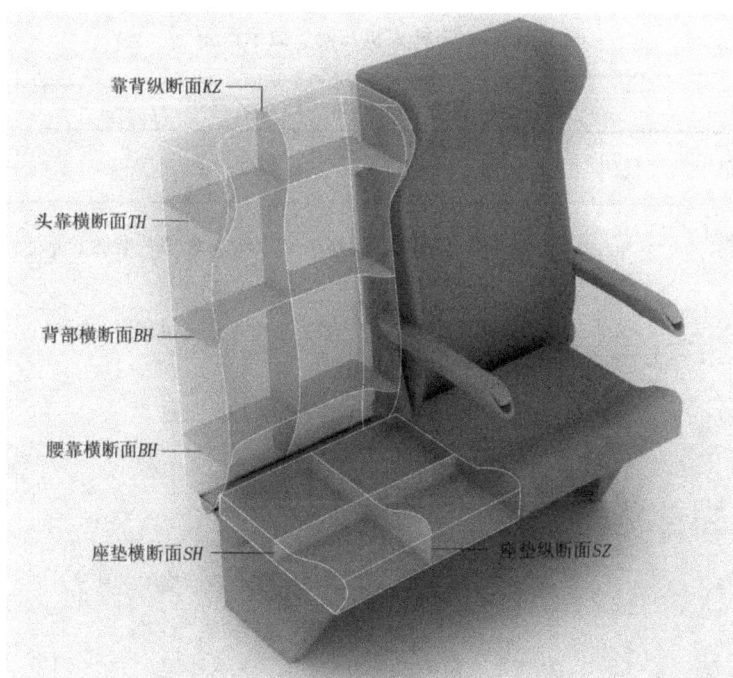

图 5 - 2　座椅曲面分解图示

5.1.3　座椅人机几何参数术语定义

对于第二章中提出国内列车座椅人机几何参数及尺寸术语解释存在差异的问题，为了展开设计参考建议的研究，重新梳理规范列车乘客座椅尺寸参数术语，并展开座椅人机几何参数推荐数值的研究，更新列车座椅人机几何参数。

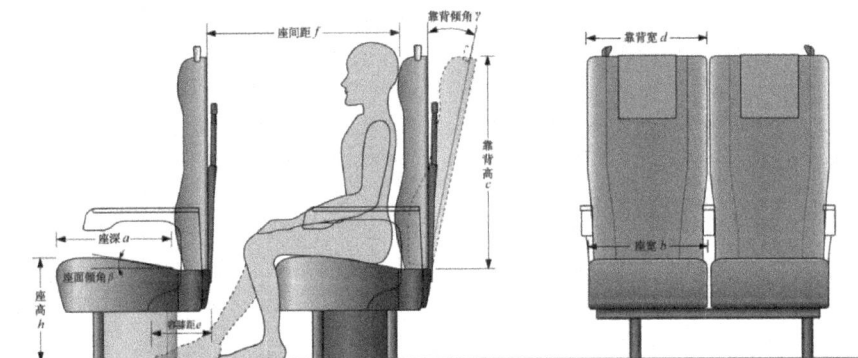

图 5 - 3   座椅人机几何参数示意图

表 5 - 1   座椅人机几何参数定义说明

术语	代码	说明
座高	h	坐垫表面上最高点到座椅支点所在水平基准面的垂直距离
座深	a	坐垫最前缘到靠背前表面与坐垫上表面交线的距离
座宽	b	坐垫左右两侧边缘切线之间的最大距离
座面倾角	β	坐垫上表面切面与水平面的夹角
靠背高	c	靠背上缘到靠背前表面与坐垫上表面交线的距离
靠背宽	d	靠背左右两侧边缘切线之间的最大距离
靠背倾角	γ	靠背前表面切面与地面垂直线之间的夹角
容膝距	e	下肢在座椅下方活动时，脚尖可达最远点至座椅后缘的距离
座间距	f	靠背倾角为0°时，靠背前沿至前座靠背后沿的距离

5.2　尺寸重构：高速列车乘客座椅人机几何参数优化设计

5.2.1　实验方法

本节的研究致力于得出理想的，特别是适合于中国人的列车乘客座椅尺度关系。设计制作可调节实验椅装置，根据 GB10000《中国成年人人体尺寸》及《在产品设计中应用人体尺寸百分位数的通则》[105] 得出五组大小不同的座椅人机几何参数，被试乘坐时根据自己的感受进行舒适度评价，研究座椅人机几何参数与人体尺度之间关系，综合之前的文献数据，最终得出列车乘客座椅人机几何的优化设计参数。

5.2.1.1　实验座椅人机几何参数

如表 5-2 所示，第三组参数是 GB10000《中国成年人人体尺寸》数据及《在产品设计中应用人体尺寸百分位数的通则》计算出的最佳功能尺寸，其他组参数则根据第三组数据以经验数值作为公差得出等差数列，或者综合第二章梳理的国内外座椅参数数据得出最大数值或最小数值。如座高根据计算得出的最佳尺寸为 400mm，以 30mm 为公差得出五组数据为 340mm、370mm、400mm、430mm、450mm；再如附表 1 中梳理的坐深最大值为 510mm，取整数得出第五组最大值为 500mm。最佳功能尺寸计算方法如下，单位为 mm。

$$座高 = \frac{1}{2}[小腿加足高(P_{90男} + P_{90女})] + 穿鞋修正量 - 坐姿修正量 = \frac{1}{2}(439 + 399) + 25 - 44 = 400 。$$

$$座深 = \frac{1}{2}[坐深(P_{50男} + P_{50女})] - 坐姿修正量 = \frac{1}{2}(457 + 433) - 44 \approx 400 。$$

$$座宽 = \frac{1}{2}[坐姿臀宽(P_{90男} + P_{90女})] + 着衣修正量(冬衣) + 坐姿修正量 + 心理修正量 = \frac{1}{2}(355 + 382) + 20 + 44 + 20 \approx 450 。$$

靠背高 $= \frac{1}{2}$[坐姿颈椎点高($P_{90男} + P_{90女}$)] + 着衣修正量 + 坐姿修正量(头部倚靠) $= \frac{1}{2}(691 + 648) + 6 + 100 \approx 780$。

靠背宽 $= \frac{1}{2}$[坐姿两肘肩宽($P_{90男} + P_{90女}$)] + 着衣修正量 $= \frac{1}{2}(473 + 460) + 12 \approx 480$。

座间距 $= \frac{1}{2}$[臀膝距($P_{90男} + P_{90女}$)] + 着衣修正量 + 向外通过宽度修正量 $= \frac{1}{2}(585 + 561) + 6 + 220 \approx 800$。

表 5 - 2　尺寸重构实验座椅人机几何参数

序号	名称	参数一	参数二	参数三	参数四	参数五	参数六	参数七
1	座高	340	370	400	430	460	—	—
2	座深	340	370	400	450	500	—	—
3	座宽	410	430	450	480	510	—	—
4	靠背高	680	730	780	830	880	—	—
5	靠背宽	400	440	480	510	550	—	—
6	容膝距	100	150	200	250	300	—	—
7	靠背倾角	0°	5°	10°	15°	20°	25°	30°
8	座间距	700	750	800	850	900	950	1000

5.2.1.2 实验装置

设计制作简易车厢座椅空间以及可调节实验椅，设置实验椅的前排座椅。座椅间距可调，脚部活动空间可调（0 ~ 400mm）。可调节实验椅的骨架座高可调节 350 ~ 500mm，座深可调节 400 ~ 500mm，靠背倾角可调节 0° ~ 170°。根据表 5 - 2 制作五组参数座宽、靠背宽、靠背高的坐垫及靠背模型，模型材料为软性的聚氨酯泡沫材料，硬度为 45 度。将坐垫及靠背模型固定于实验椅上，进行尺度测量和主观评价。

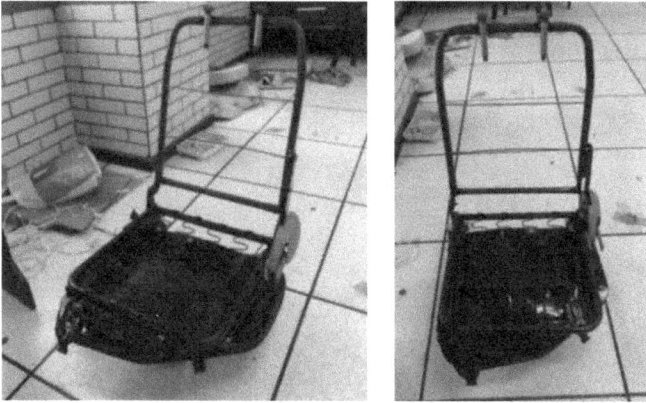

图 5 - 4　可调节实验椅骨架

图 5 - 5　坐垫及靠背聚氨酯泡沫模型

图 5 - 6　实验模拟车厢座椅空间

测量工具：

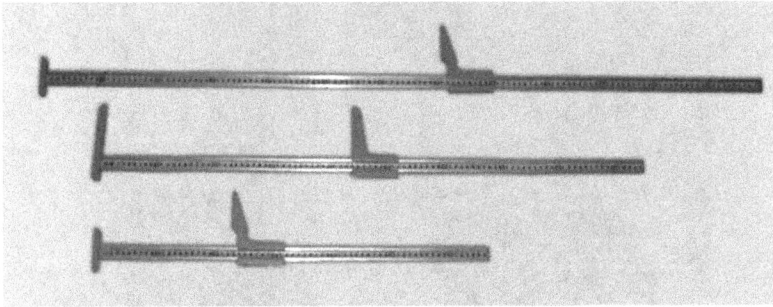

图 5 - 7　人体测量尺

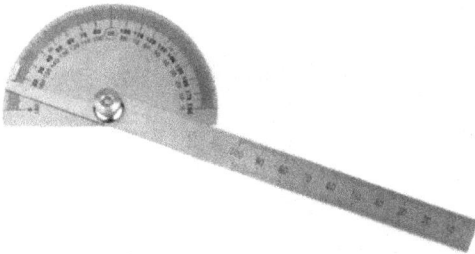

图 5 - 8　量角尺

图 5 - 9　卷尺

5.2.2　实验被试

本研究的对象是我国动车组乘客，总体量巨大，对所有的乘客进行测量与调查是不现实的，并且存在资金和时间的限制，因此做抽样调查之前首先确定出对总体能够做出有效推论所需的可靠样本量。如果要使抽取的样本能够尽可能的反映出总体，需要具备两点内容。一是此次的研究对象是普通乘客，样本数据需要涵盖广泛的人体尺度并符合正态分布；二是样本量的大小能够有效反映总体。本研究采用简单随机样本量的计算方法[106]得出最小样本量，计算公式如下：

$$n = \frac{t^2 P(1 - P)}{d^2} \qquad (5 - 1)$$

n 为样本量，t 为概率度，即抽样样本均值分布函数 $F(t)$ 在一定置信度水平上的分位数，如表 5 - 3 所示，d 为估计误差，P 为总体比例。设本研究置信度为 95%，估计误差 $d = \pm 10\%$。根据简单随机抽样的原理，当 $n \geqslant 30$ 时：

$$S^2 = \frac{1}{N-1}\Big[N_1 - \frac{N_1^2}{N}\Big] \approx \frac{N_1}{N}\Big(1 - \frac{N_1}{N}\Big) = P(1-P) \tag{5-2}$$

按照样本方差最大值来估计抽样人数，由公式（5-2），当 $P = 0.5$ 时，S^2 达到最大值：$S^2 = P(1-P) = 0.25$。因此本研究应抽取的最小样本量为：

$$n = \frac{t^2 P(1-P)}{d^2} = \frac{1.96^2 \times 0.5 \times 0.5}{0.1^2} = 96 \tag{5-3}$$

表 5-3　标准正态分布常用上侧分位数表

$\alpha/2$	0.10	0.05	0.025	0.01	0.005	0.001
t	1.2816	1.6449	1.960	2.3263	2.5758	3.0902

2013 年 9 月至 10 月，共征集被试 97 人，其中男 46 人，女 51 人。身高、体重数据范围涵盖 GB10000-88 中国成年人人体尺寸从第 10 百分位至第 95 百分位，并且身高、体重符合正态分布（如图 5-10，5-11），平均年龄为 24.1 岁，被试人体数据详见附录 4。

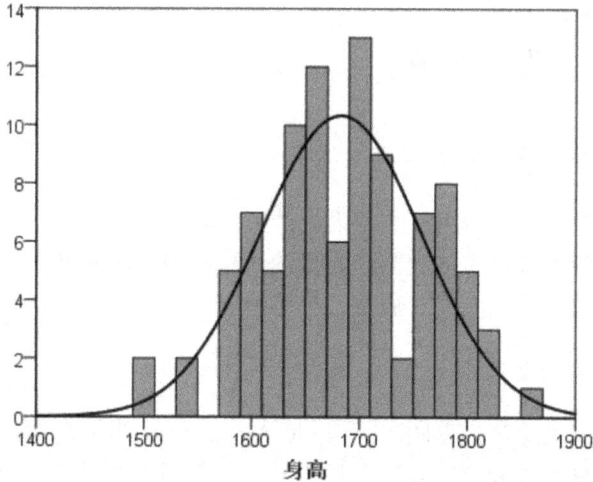

图 5-10　被试身高分布

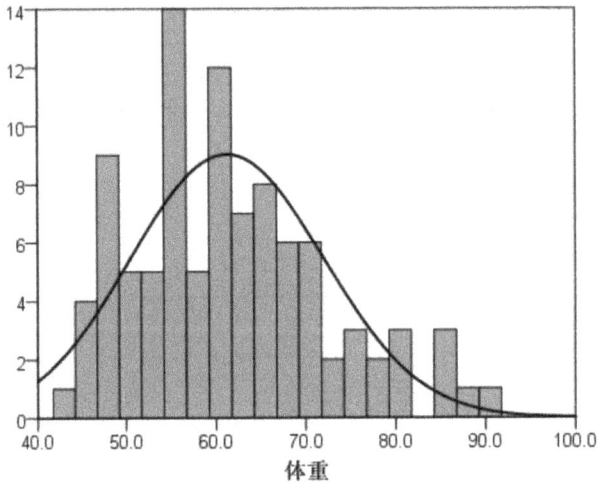

图 5 - 11　被试体重分布

5.2.3　实验测量

（1）人体尺度测量

根据 GB/T 5703《用于技术设计的人体测量基础项目》[107] 中的人体测量项目定义测量被试人体数据。测量项目包括身高、体重、坐高、坐姿颈椎点高、腿加足高、坐深、肩宽、坐姿臀宽。

（2）量表评分

评分前，实验员根据图 5 - 3 座椅人机几何参数示意图指导被试座椅人机几何参数的含义，然后以自然正常坐姿落座于实验椅，根据自己的感受对座椅参数的满意度进行评分，本研究的评价量表采用七级量表。问卷量表如下所示：

请根据您的乘坐感受及座椅参数图示提示，对以下不同座椅的尺寸参数进行满意度评分，在相应的方框内打"√"。满意程度从低到高依次为1 到 7 分。

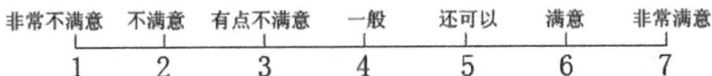

非常不满意	不满意	有点不满意	一般	还可以	满意	非常满意
1	2	3	4	5	6	7

请试坐第一组参数的座椅，并在分值括号内打分：

名称	非常不满意 1	不满意 2	有点不满意 3	一般 4	还可以 5	满意 6	非常满意 7
座高	☐	☐	☐	☐	☐	☐	☐
座深	☐	☐	☐	☐	☐	☐	☐
座宽	☐	☐	☐	☐	☐	☐	☐
靠背高	☐	☐	☐	☐	☐	☐	☐
靠背宽	☐	☐	☐	☐	☐	☐	☐

......

以下三项请直接打分（同上，1 至 7 分）：

靠背倾角	90°	95°	100°	105°	110°	115°	120°
评分							
座间距	700	750	800	850	900	950	1000
评分							
容膝距	100	200	300	400			
评分							

5.2.4　数据分析及结论

5.2.4.1　面向大群体的座椅人机几何参数分析

利用 SPSS 软件，对座椅 44 项参数的评分数据进行信度分析，得出克朗巴哈系数 $\alpha = 0.819$（$\alpha > 0.8$）[1]，数据内部一致性良好，可靠度较高。

对各组座椅参数评分进行描述统计，结果如表 5 - 4 所示。从整体来

---

[1]　克朗巴哈系数 α 是指量表所有可能的项目划分方法的得到的折半信度系数的平均值，是常用的信度测量方法。

看，座椅人机机几何参数评价满意较好的座椅参数大部分为第四组参数，与表5-2计算的第三组最佳功能尺寸参数有差异。评分均值的大小可反映出大部分人对这组参数的满意程度，换句话说就是均值较大的参数是最能被大众所接受或者较满意的座椅参数，由此可得出大群体满意的座椅参数最佳推荐值。再进一步结合各项参数评分的频率直方图，得出满足大群体要求的座椅参数一般范围。

表5-4 座椅各项人机几何参数评分均值和众数

参数名称	参数一		参数二		参数三		参数四		参数五		参数六		参数七	
	均值	众数	均值	众数	均值	众数	均值	众数	均值	众数	均值	众数	均值	众数
座高	3.26	3	4.15	3	4.81	4	5.05	5	4.51	3	—	—	—	—
座深	3.57	4	4.04	3	4.53	5	5.02	5	4.45	5	—	—	—	—
座宽	3.72	6	4.38	5	4.75	5	5.19	6	5.14	6	—	—	—	—
靠背高	4.1	5	4.41	5	4.85	5	4.62	6	3.86	6	—	—	—	—
靠背宽	4.11	6	4.7	5	5.06	6	5.28	2	4.99	5	—	—	—	—
容膝距	3.18	3	4.07	4	4.75	5	5.31	5	5.62	7	—	—	—	—
靠背倾角	2.19	2	3.54	3	4.1	4	4.69	5	5.27	6	5.21	6	5.1	7
座间距	2.66	2	3.63	3	4.54	4	5.06	5	5.37	6	5.25	6	4.87	7

比较座高五组参数的评分频率直方图5-12，倾向于5分以上的座椅参数从高到低依次是参数四、参数五和参数三，可作为座高的推荐范围；参数四无论是各项均值比较还是高评分的频率都很高，因此可作为座高的推荐值；参数二的频率分布较均匀，大多数评价为一般；参数一的评价倾向于不满意的低分值，均值最低，可作为座高的最小临界值。

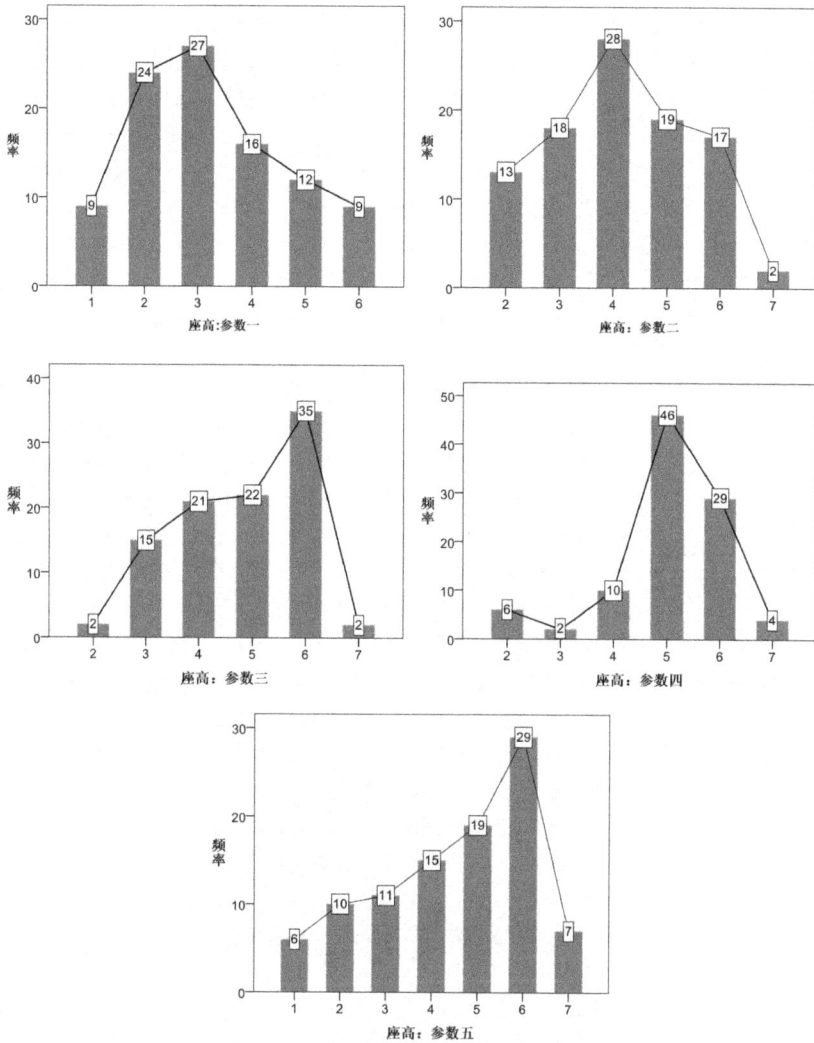

图 5 - 12　五组座高参数的评分频率直方图

比较五组座深参数的评分频率直方图 5 - 13，倾向于 5 分以上的座椅参数从高到低依次是参数四、参数五，参数三的评价大部分介意一般和满意之间，这三组参数可作为座深的推荐范围；参数四的均值及高评分的频率都很高，可作为座深的推荐值；参数二的频率分布较均匀，评价的好坏无明显趋势；参数一的评价倾向于不满意的低分值，均值最低，可作为座深的极小临界值。

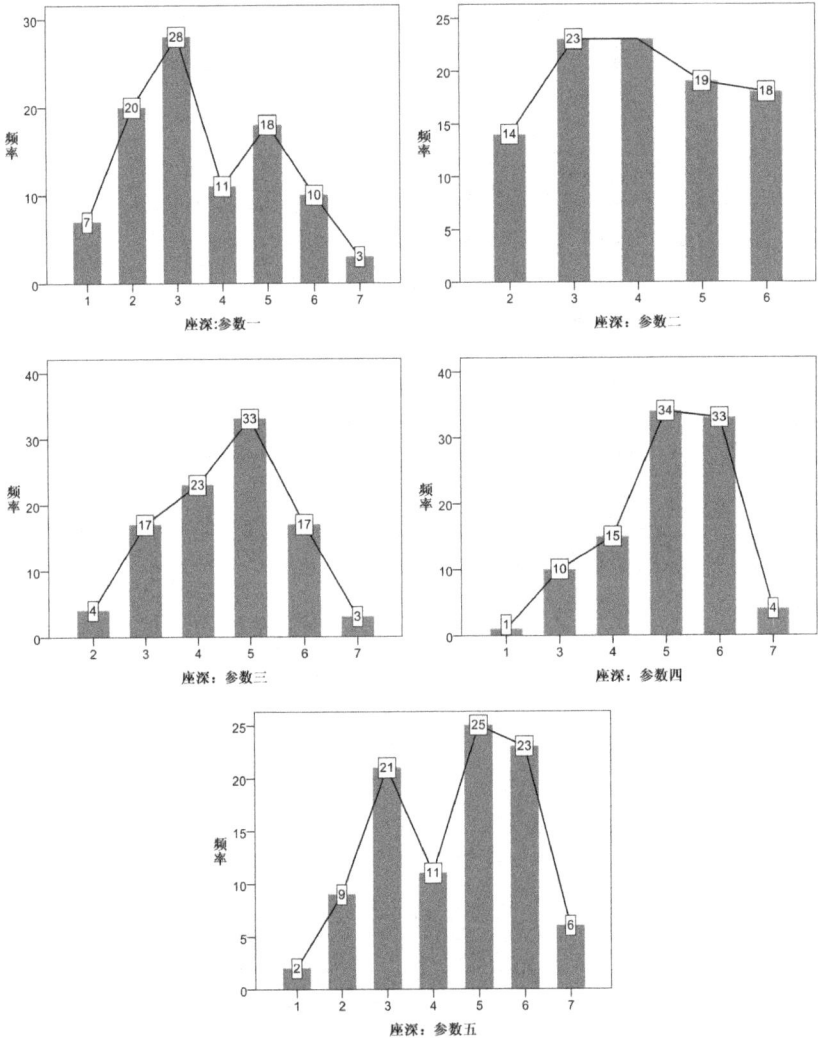

图 5 – 13   五组座深参数的评分频率直方图

比较五组座宽参数的评分频率直方图 5 – 14，倾向于 5 分以上的座椅参数从高到低依次是参数四、参数五，参数三的评价大部分介意一般和满意之间，这三组参数可作为座宽的一般范围；参数四的均值及高评分的频率都很高，而且无低分评价，可作为座宽的推荐值；参数二的频率分布较均匀，评价的好坏无明显趋势；参数一的评价倾向于不满意的低分值，均值最低，可作为座宽的极小临界值。

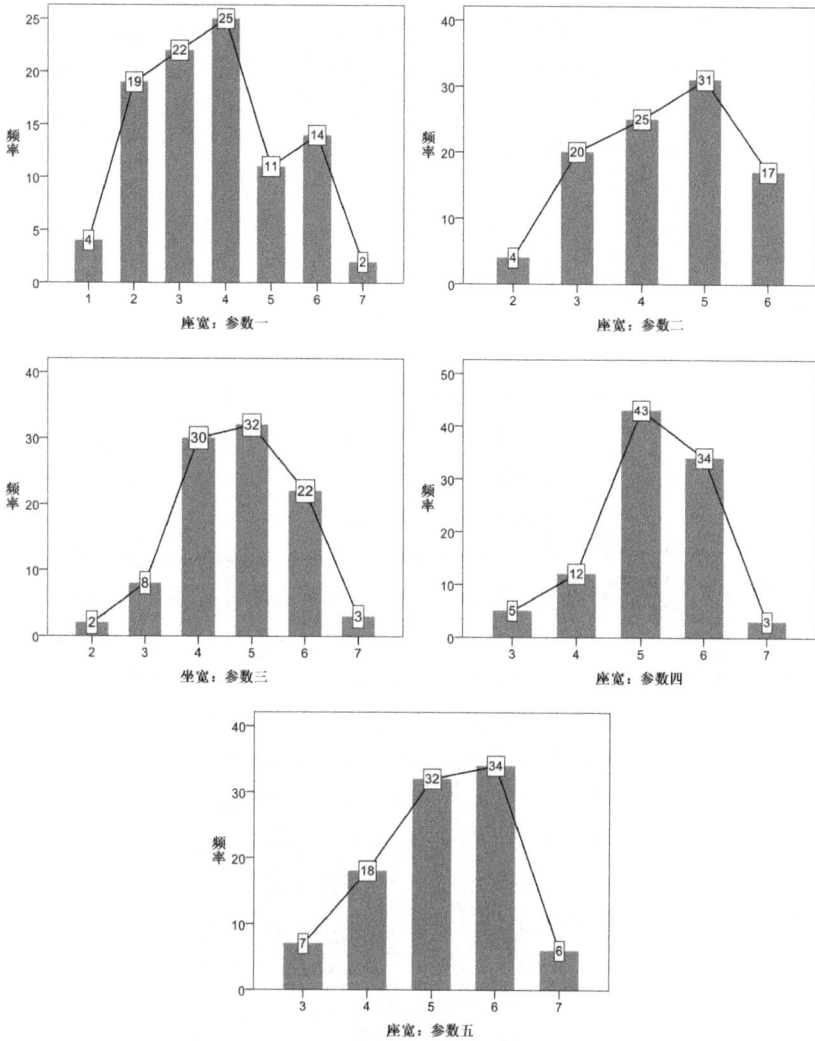

图 5 - 14　五组座宽参数的评分频率直方图

　　比较五组靠背高参数的评分频率直方图，倾向于 5 分以上的座椅参数从高到低依次是参数三、参数四、参数二，可作为靠背高的一般范围；参数三的均值及高评分的频率都很高，可作为靠背高的推荐值；参数一的评价倾向于一般；参数五的评价略微平均，低值评分相对较多，且均值最低，可作为靠背宽的极大临界值。

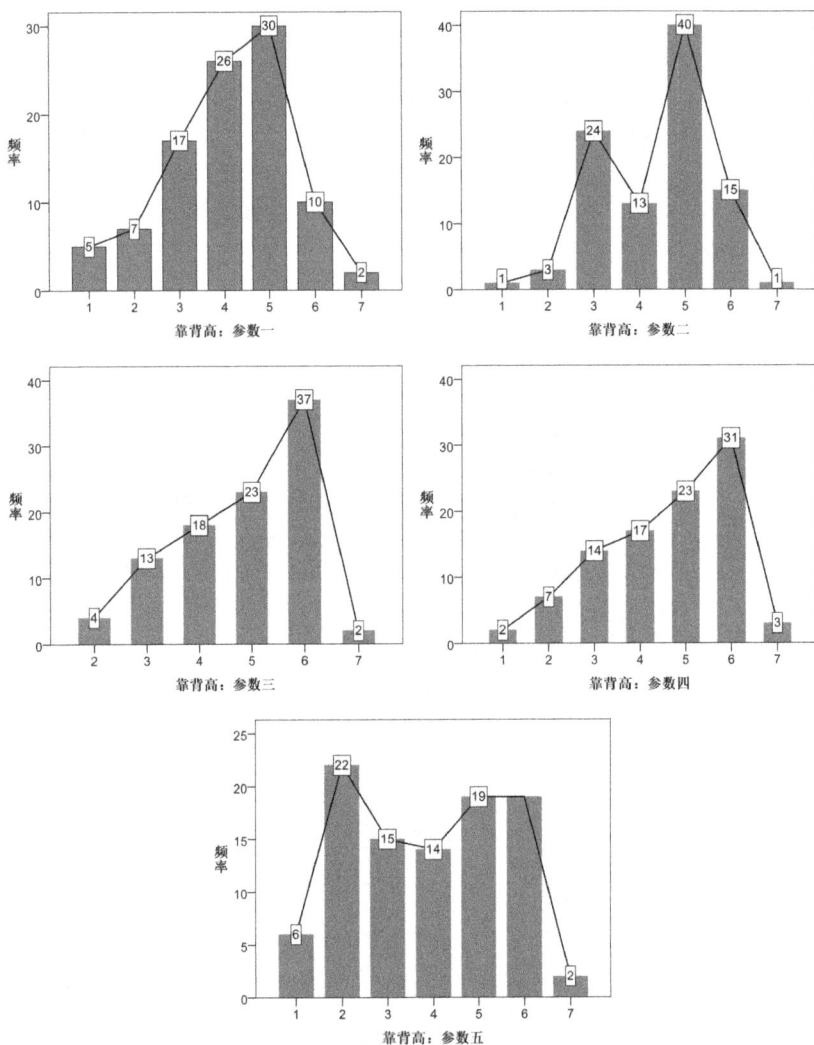

图 5 – 15　五组靠背高参数的评分频率直方图

　　比较五组靠背宽参数的评分频率直方图 5 – 16，倾向于 5 分以上的座椅参数从高到低依次是参数四、参数三、参数五，可作为靠背宽的一般范围；参数四的均值及高评分的频率都很高，可作为靠背宽的推荐值；参数二的评价虽然无低分的评价，但倾向于一般；参数一的评价略微平均，有点不满意的评价最多，且均值最低，可作为靠背宽的极小临界值。

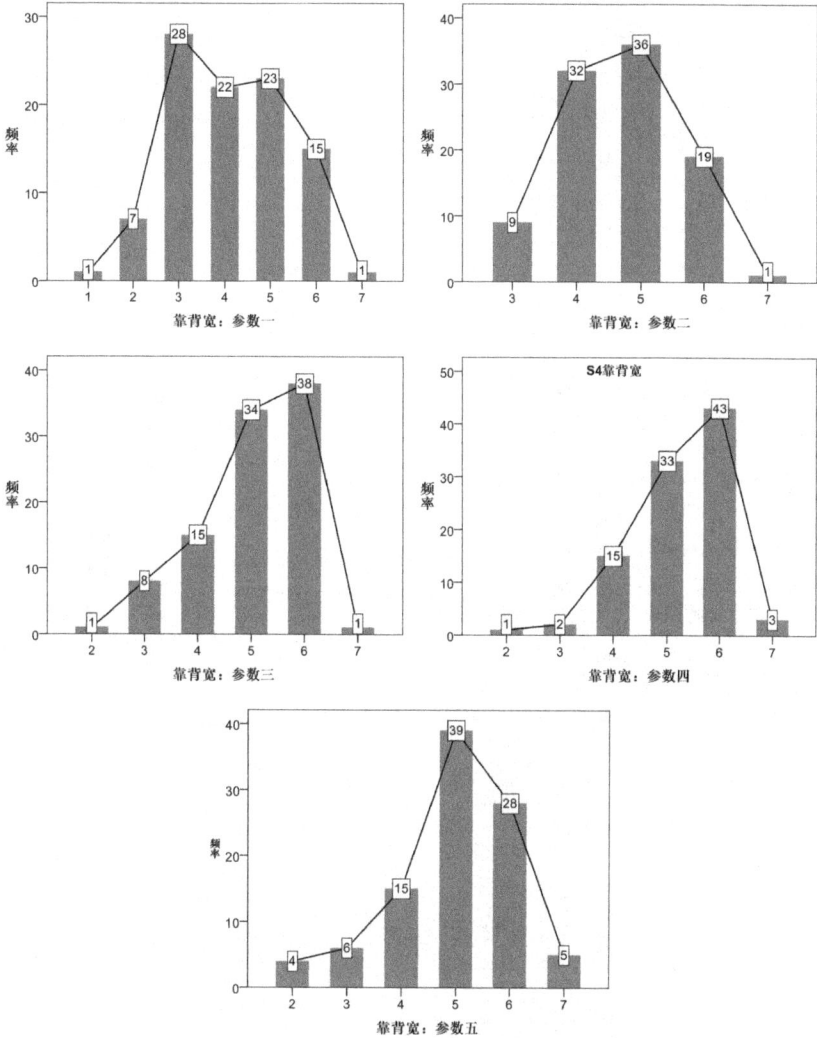

图 5 - 16　五组靠背高参数的评分频率直方图

比较七组靠背倾角的评分频率直方图 5 - 17，倾向于 5 分以上的靠背倾角从高到低依次是 20°、25°、30°、15°，可作为靠背倾角的一般范围；20°的评分均值及高评分的频率都很高，可作为靠背倾角的推荐值；10°的评价倾向于一般；5°的评价略微平均，但不满意和有点不满意的相对较多，且均值较低，可作为靠背倾角的极小临界值。0°靠背倾角无好评，评分均值很低，设计座椅时不应考虑该 0°及 0°以下的靠背倾角。

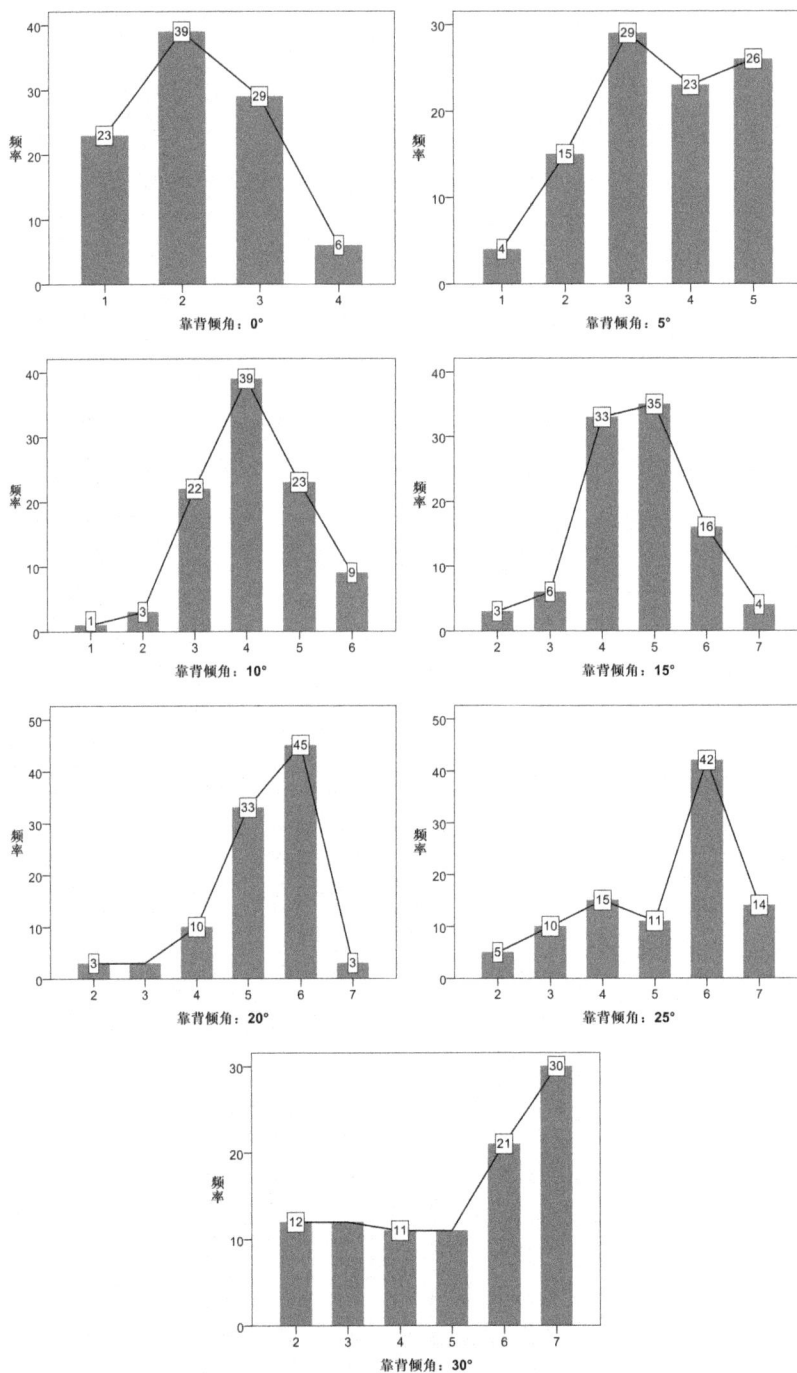

图 5 - 17　五组靠背倾角参数的评分频率直方图

比较七组座间距的评分频率直方图 5 - 18，倾向于 5 分以上的座间距从高到低依次是 900 mm 、850 mm 、950 mm ，可作为座间距的一般范围；900 mm 的座间距评分均值及高评分的频率都很高，可作为靠背倾角的推荐值；1000 mm 的座间距评价较为平均无明显趋势，在测量过程中，身材较小的被试反映，座间距太大时坐在车上会有"不安全感"的心理反应，因此不推荐 1000 mm 的座间距，可作为极大临界值；800 mm 的座间距评价趋于一般、还可以；750 mm 的座间距评价略微较差，不满意和有点不满意的评价较多，身材较大的被试有较强烈的"拥挤"感，可作为座间距的极小临界值；700 mm 的评价趋于不满意，且均值很低，设计座间距时不应考虑 700 mm 及 700 mm 以下的座间距。

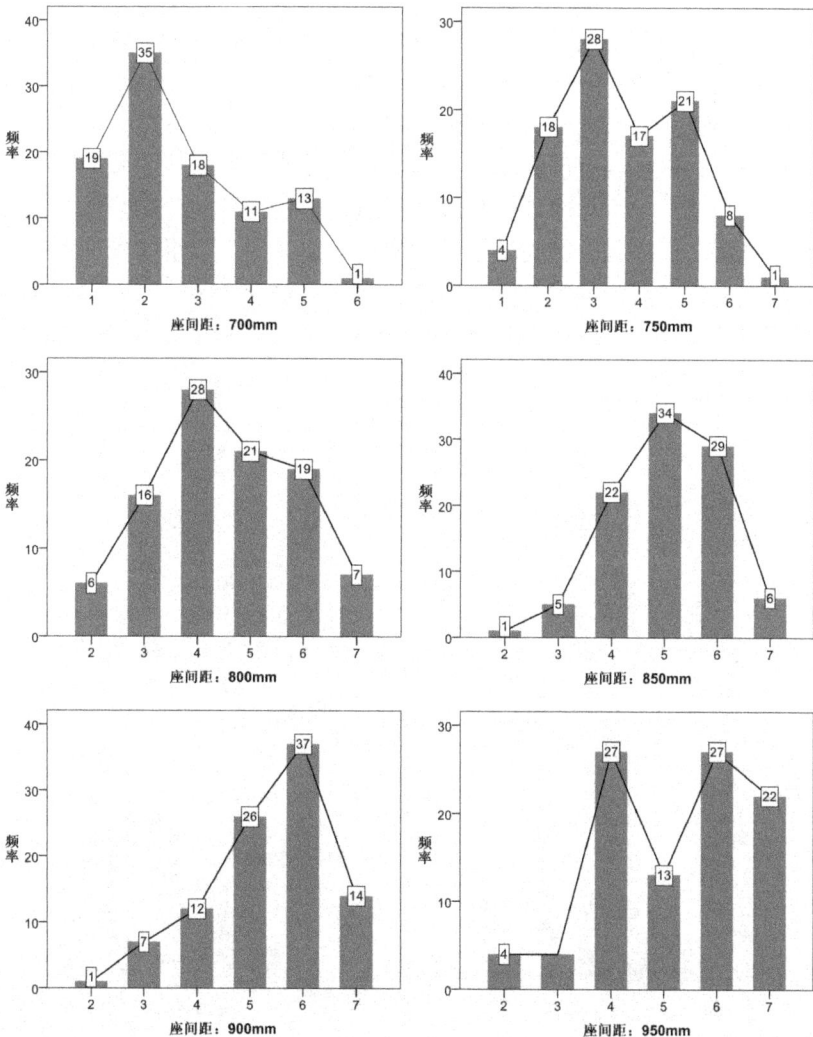

座间距：1000mm

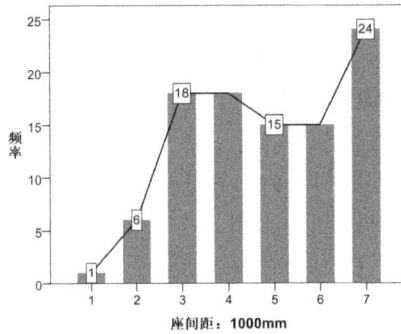

图 5 - 18　五组座间距参数的评分频率直方图

比较五组容膝距的评分频率直方图 5 - 19，倾向于 5 分以上的容膝距从高到低依次是 300 mm 、250 mm 、200 mm ，可作为容膝距的一般范围；150 mm 容膝距的评价倾向于一般；100 mm 的容膝距无好评，趋于不满意且均值很低，可作为容膝距的极小临界值。需要提出的从容膝距平均值和频率直方图总体上看，容膝距越大评价越高，被试倾向于脚步能够有完整的活动空间，但往往会存在诸多物理限制，如我国动车组座椅底下的旋转装置阻挡了乘客脚步的完整活动空间，这就需要设计座椅结构时留出乘客能够接受或者满意的容膝距，即最小不得低于 100 mm ，一般为 150 mm以上。

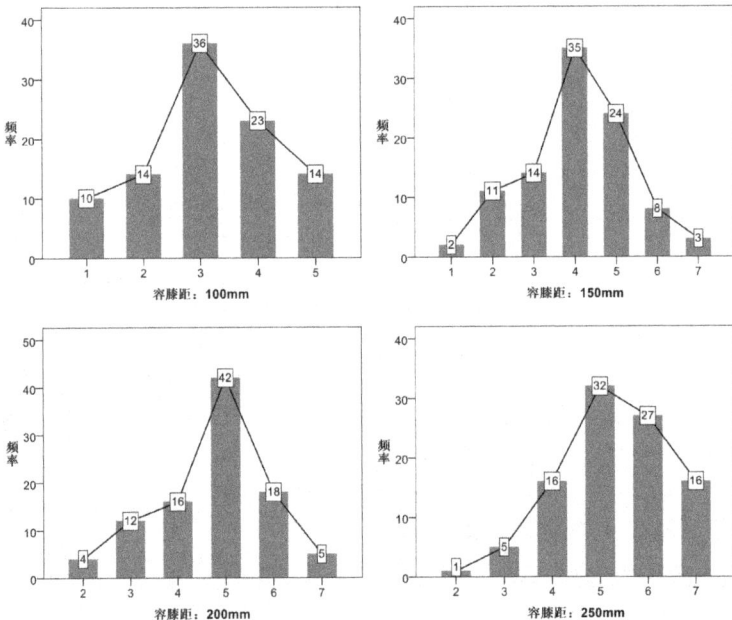

容膝距：100mm

容膝距：150mm

容膝距：200mm

容膝距：250mm

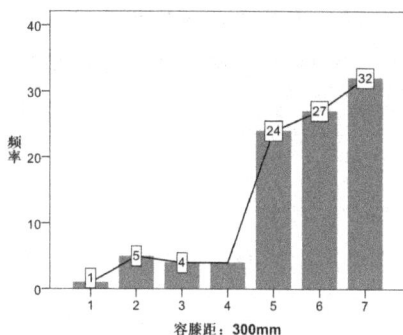

图 5 – 19　五组座间距参数的评分频率直方图

5.2.4.2　面向小型身材群体的座椅人机几何参数分析

按照身高参数将被试划分出大型身材、中型身材和小型身材三类小群体，同样利用 SPSS 软件对各群体的均值、众数和频率进行描述统计，分析三类小群体对座椅各项参数的评价特征，目标是得出小群体满意的座椅人机几何参数。小群体的身高划分如下表 5 – 5 所示。

表 5 – 5　小群体身高范围划分

小群体	代码	范围	被试人数
小型身材	A	A < 1630	21
中型身材	B	1630 ≤ B < 1730	50
大型身材	C	1730 ≤ C	26

实验被试中 A 群体人数共 21 人，统计计算得出 A 群体对座椅各个参数评分的均值（表 5 – 6）、各个评分分值的频数和百分比（表 5 – 7）。将均值得分最大的参数设定为 A 群体座椅参数设计的推荐值，评价倾向于还可以或满意的参数设定为推荐范围。参数一（340mm）的座高评价对于非常小的身材是可以接受的，但对大部分人来说评价倾向于不满意，可作为极小临界值；A 群体对大尺寸的座高（460mm）评价比较平均，有好评也有差评，不易作为极大临界值，沿用上一节的 500mm 作为极大临界值。座深的评价中参数一（340mm）与参数五（500mm）都倾向于不满意，分别作为座深的极小和极大临界值。靠背宽同上述大群体的评价基本一致，数据反映出被试对靠背宽没有严格的要求，而且部分人体现出靠背越宽大评价越满意，因此不设定极大临界值。靠背倾角越大评价越高，25°和 30°的靠背倾角评价最高，与大群体的评价有所差异，可能 A 群体的样本量偏

小，在此 A 群体的靠背倾角推荐参数延用大群体的推荐数据。

表 5-6　小型身材群体 A 对座椅参数的评分均值

	参数一	参数二	参数三	参数四	参数五	参数六	参数七
座高	3.43	4.81	5.38	4.57	3.67	—	—
座深	4.05	4.76	4.95	4.81	3.76	—	—
座宽	4.48	5.38	5.43	5.33	5.14	—	—
靠背高	4.19	5.05	4.76	4.38	3.14	—	—
靠背宽	4.57	4.95	5.33	5.43	4.86	—	—
靠背倾角	2.43	3.95	4.00	4.00	4.57	4.76	4.67
座间距	3.14	3.38	4.29	5.05	5.52	5.05	4.67
容膝距	3.38	4.33	5.00	5.33	5.24	—	—

表 5-7　小型身材群体 A 群体对座椅参数评分的分值频数及百分比

名称	分值	参数一		参数二		参数三		参数四		参数五		参数六		参数七	
		频数	百分比	频数	百分比	频数	百分比	频数	百分比	频数	百分比	频数	百分比	频数	百分比
座高	1	3	14.3	0	0	0	0	0	0	4	19.0	—	—	—	—
	2	1	4.8	0	0	0	0	4	19.0	2	9.5	—	—	—	—
	3	7	33.3	3	14.3	2	9.5	1	4.8	4	19.0	—	—	—	—
	4	5	23.8	5	23.8	2	9.5	3	14.3	4	19.0	—	—	—	—
	5	4	19.0	6	28.6	5	23.8	6	28.6	1	4.8	—	—	—	—
	6	1	4.8	7	33.3	10	47.6	6	28.6	6	28.6	—	—	—	—
	7	0	0	0	0	2	9.5	1	4.8	0	0	—	—	—	—
座深	1	0	0	0	0	0	0	0	0	0	0	—	—	—	—
	2	4	19.0	0	0	1	4.8	0	0	3	14.3	—	—	—	—
	3	6	28.6	6	28.6	1	4.8	3	14.3	7	33.3	—	—	—	—
	4	2	9.5	3	14.3	6	28.6	7	33.3	5	23.8	—	—	—	—
	5	5	23.8	2	9.5	4	19.0	5	23.8	4	19.0	—	—	—	—
	6	2	9.5	10	47.6	8	38.1	3	14.3	2	9.5	—	—	—	—
	7	2	9.5	0	0	1	4.8	3	14.3	0	0	—	—	—	—

（续表）

名称	分值	参数一		参数二		参数三		参数四		参数五		参数六		参数七	
		频数	百分比	频数	百分比	频数	百分比	频数	百分比	频数	百分比	频数	百分比	频数	百分比
座宽	1	0	0	0	0	0	0	0	0	0	0	—	—	—	—
	2	0	0	0	0	0	0	0	0	0	0	—	—	—	—
	3	9	42.9	0	0	0	0	0	0	2	9.5	—	—	—	—
	4	2	9.5	4	19.0	3	14.3	3	14.3	3	14.3	—	—	—	—
	5	2	9.5	5	23.8	7	33.3	10	47.6	9	42.9	—	—	—	—
	6	7	33.3	12	57.1	10	47.6	6	28.6	4	19.0	—	—	—	—
	7	1	4.8	0	0	1	4.8	2	9.5	3	14.3	—	—	—	—
靠背高	1	3	14.3	0	0	0	0	2	9.5	6	28.6	—	—	—	—
	2	0	0	0	0	2	9.5	2	9.5	3	14.3	—	—	—	—
	3	2	9.5	1	4.8	2	9.5	2	9.5	3	14.3	—	—	—	—
	4	8	38.1	2	9.5	3	14.3	3	14.3	1	4.8	—	—	—	—
	5	3	14.3	14	66.7	6	28.6	4	19.0	7	33.3	—	—	—	—
	6	3	14.3	3	14.3	8	38.1	8	38.1	1	4.8	—	—	—	—
	7	2	9.5	1	4.8	0	0	0	0	0	0	—	—	—	—
靠背宽	1	0	0	0	0	0	0	0	0	0	0	—	—	—	—
	2	0	0	0	0	0	0	0	0	0	0	—	—	—	—
	3	7	33.3	2	9.5	2	9.5	0	0	2	9.5	—	—	—	—
	4	3	14.3	6	28.6	4	19.0	4	19.0	4	19.0	—	—	—	—
	5	4	19.0	5	23.8	1	4.8	6	28.6	11	52.4	—	—	—	—
	6	6	28.6	7	33.3	13	61.9	9	42.9	3	14.3	—	—	—	—
	7	1	4.8	1	4.8	1	4.8	2	9.5	1	4.8	—	—	—	—

（续表）

名称	分值	参数一		参数二		参数三		参数四		参数五		参数六		参数七	
		频数	百分比	频数	百分比	频数	百分比	频数	百分比	频数	百分比	频数	百分比	频数	百分比
靠背倾角	1	6	28.6	2	9.5	1	4.8	0	0	0	0	0	0	0	0
	2	3	14.3	0	0	1	4.8	3	14.3	3	14.3	2	9.5	4	19.0
	3	9	42.9	4	19.0	2	9.5	2	9.5	1	4.8	5	23.8	1	4.8
	4	3	14.3	6	28.6	10	47.6	9	42.9	3	14.3	2	9.5	2	9.5
	5	0	0	9	42.9	7	33.3	6	28.6	9	42.9	3	14.3	5	23.8
	6	0	0	0	0	0	0	1	4.8	5	23.8	5	23.8	9	42.9
	7	0	0	0	0	0	0	0	0	0	0	4	19.0	0	0
座间距	1	2	9.5	1	4.8	0	0	0	0	0	0	0	0	0	0
	2	6	28.6	3	14.3	1	4.8	0	0	0	0	0	0	0	0
	3	4	19.0	9	42.9	4	19.0	0	0	0	0	1	4.8	6	28.6
	4	5	23.8	3	14.3	7	33.3	6	28.6	2	9.5	10	47.6	6	28.6
	5	4	19.0	5	23.8	6	28.6	8	38.1	7	33.3	1	4.8	3	14.3
	6	0	0	0	0	3	14.3	7	33.3	11	52.4	5	23.8	1	4.8
	7	0	0	0	0	0	0	0	0	1	4.8	4	19.0	5	23.8
容膝距	1	1	4.8	0	0	0	0	0	0	0	0	—	—	—	—
	2	5	23.8	2	9.5	1	4.8	0	0	2	9.5	—	—	—	—
	3	5	23.8	2	9.5	1	4.8	2	9.5	3	14.3	—	—	—	—
	4	5	23.8	6	28.6	3	14.3	4	19.0	0	0	—	—	—	—
	5	5	23.8	9	42.9	8	38.1	5	23.8	5	23.8	—	—	—	—
	6	0	0	2	9.5	8	38.1	5	23.8	5	23.8	—	—	—	—
	7	0	0	0	0	0	0	5	23.8	6	28.6	—	—	—	—

5.2.4.3　面向中型身材群体的座椅人机几何参数分析

实验被试中 B 群体人数共 50 人，统计计算得出 B 群体对座椅各个参数评分的均值（表 5-8）、各个评分分值的频数和百分比（表 5-9）。推荐值和推荐范围的设定方法同上。面向中型身材的座椅人机几何参数的推荐值与面向大群体的推荐值一致，但推荐范围有所不同。B 群体对座高 370mm 的评价集中在 4~6 分，倾向于满意，因此推荐范围扩大至 370mm ~460mm。比较靠背高的平均值，除了参数五外，其他 4 个参数的评价比较平均，倾向于还可以或者满意，因此靠背高的推荐范围扩大至 680mm ~830mm。

表 5-8　中型身材群体 B 对座椅参数的评分均值

	参数一	参数二	参数三	参数四	参数五	参数六	参数七
座高	3.54	4.28	4.58	5.20	4.26	—	—
座深	3.64	4.02	4.42	4.98	4.16	—	—
座宽	3.90	4.32	4.62	5.18	5.00	—	—
靠背高	4.40	4.38	4.74	4.48	3.74	—	—
靠背宽	4.32	4.86	5.08	5.26	4.94	—	—
靠背倾角	2.16	3.52	4.30	5.06	5.50	5.08	5.02
座间距	2.86	4.16	4.88	5.12	5.18	5.14	4.80
容膝距	3.22	4.26	4.86	5.38	5.66	—	—

表 5-9　中型身材群体 B 群体对座椅参数评分的分值频数及百分比

名称	分值	参数一		参数二		参数三		参数四		参数五		参数六		参数七	
		频数	百分比	频数	百分比	频数	百分比	频数	百分比	频数	百分比	频数	百分比	频数	百分比
座高	1	4	8.0	0	0	0	0	0	0	2	4.0	—	—	—	—
	2	11	22.0	7	14.0	1	2.0	2	4.0	8	16.0	—	—	—	—
	3	11	22.0	8	16.0	11	22.0	0	0	7	14.0	—	—	—	—
	4	9	18.0	13	26.0	11	22.0	5	10.0	8	16.0	—	—	—	—
	5	8	16.0	10	20.0	12	24.0	24	48.0	10	20.0	—	—	—	—
	6	7	14.0	10	20.0	15	30.0	17	34.0	13	26.0	—	—	—	—
	7	0	0	2	4.0	0	0	2	4.0	2	4.0	—	—	—	—

名称	分值	参数一		参数二		参数三		参数四		参数五		参数六		参数七	
		频数	百分比	频数	百分比	频数	百分比	频数	百分比	频数	百分比	频数	百分比	频数	百分比
座深	1	6	12.0	0	0	0	0	0	0	2	4.0	—	—	—	—
	2	8	16.0	10	20.0	3	6.0	0	0	6	12.0	—	—	—	—
	3	12	24.0	10	20.0	10	20.0	7	14.0	12	24.0	—	—	—	—
	4	5	10.0	7	14.0	12	24.0	7	14.0	5	10.0	—	—	—	—
	5	11	22.0	15	30.0	15	30.0	16	32.0	12	24.0	—	—	—	—
	6	7	14.0	8	16.0	8	16.0	20	40.0	13	26.0	—	—	—	—
	7	1	2.0	0	0	2	4.0	0	0	0	0	—	—	—	—
座宽	1	3	6.0	0	0	0	0	0	0	0	0	—	—	—	—
	2	5	10.0	3	6.0	1	2.0	0	0	0	0	—	—	—	—
	3	10	20.0	9	18.0	4	8.0	4	8.0	4	8.0	—	—	—	—
	4	16	32.0	12	24.0	21	42.0	4	8.0	11	22.0	—	—	—	—
	5	9	18.0	21	42.0	12	24.0	21	42.0	16	32.0	—	—	—	—
	6	6	12.0	5	10.0	11	22.0	21	42.0	19	38.0	—	—	—	—
	7	1	2.0	0	0	1	2.0	0	0	0	0	—	—	—	—
靠背高	1	0	0	0	0	0	0	0	0	0	0	—	—	—	—
	2	3	6.0	2	4.0	2	4.0	5	10.0	19	38.0	—	—	—	—
	3	8	16.0	16	32.0	9	18.0	11	22.0	5	10.0	—	—	—	—
	4	11	22.0	3	6.0	10	20.0	8	16.0	9	18.0	—	—	—	—
	5	22	44.0	19	38.0	9	18.0	8	16.0	4	8.0	—	—	—	—
	6	6	12.0	10	20.0	19	38.0	17	34.0	13	26.0	—	—	—	—
	7	0	0	0	0	1	2.0	1	2.0	0	0	—	—	—	—
靠背宽	1	3	6.0	0	0	1	2.0	1	2.0	3	6.0	—	—	—	—
	2	11	22.0	3	6.0	2	4.0	0	0	4	8.0	—	—	—	—
	3	12	24.0	12	24.0	9	18.0	9	18.0	8	16.0	—	—	—	—
	4	15	30.0	24	48.0	18	36.0	16	32.0	16	32.0	—	—	—	—
	5	9	18.0	11	22.0	20	40.0	23	46.0	16	32.0	—	—	—	—
	6	0	0	0	0	0	0	1	2.0	3	6.0	—	—	—	—
	7	3	6.0	0	0	1	2.0	1	2.0	3	6.0	—	—	—	—

（续表）

名称	分值	参数一		参数二		参数三		参数四		参数五		参数六		参数七	
		频数	百分比	频数	百分比	频数	百分比	频数	百分比	频数	百分比	频数	百分比	频数	百分比
靠背倾角	1	12	24.0	2	4.0	0	0	0	0	0	0	0	0	0	0
	2	21	42.0	9	18.0	1	2.0	0	0	0	0	3	6.0	8	16.0
	3	14	28.0	12	24.0	10	20.0	3	6.0	1	2.0	5	10.0	6	12.0
	4	3	6.0	15	30.0	19	38.0	11	22.0	7	14.0	9	18.0	5	10.0
	5	0	0	12	24.0	13	26.0	20	40.0	11	22.0	8	16.0	6	12.0
	6	0	0	0	0	7	14.0	12	24.0	28	56.0	18	36.0	8	16.0
	7	0	0	0	0	0	0	4	8.0	3	6.0	7	14.0	17	34.0
座间距	1	9	18.0	2	4.0	0	0	0	0	0	0	0	0	0	0
	2	15	30.0	5	10.0	4	8.0	1	2.0	1	2.0	3	6.0	6	12.0
	3	11	22.0	10	20.0	7	14.0	2	4.0	6	12.0	3	6.0	9	18.0
	4	5	10.0	9	18.0	7	14.0	11	22.0	8	16.0	10	20.0	5	10.0
	5	9	18.0	15	30.0	11	22.0	13	26.0	11	22.0	6	12.0	9	18.0
	6	1	2.0	8	16.0	15	30.0	22	44.0	16	32.0	24	48.0	11	22.0
	7	0	0	1	2.0	6	12.0	1	2.0	8	16.0	4	8.0	10	20.0
容膝距	1	6	12.0	1	2.0	0	0	0	0	1	2.0	—	—	—	—
	2	2	4.0	5	10.0	3	6.0	1	2.0	2	4.0	—	—	—	—
	3	24	48.0	5	10.0	3	6.0	3	6.0	1	2.0	—	—	—	—
	4	11	22.0	18	36.0	8	16.0	3	6.0	4	8.0	—	—	—	—
	5	7	14.0	14	28.0	24	48.0	20	40.0	10	20.0	—	—	—	—
	6	0	0	4	8.0	8	16.0	15	30.0	15	30.0	—	—	—	—
	7	0	0	3	6.0	4	8.0	8	16.0	17	34.0	—	—	—	—

5.2.4.4 面向大型身材群体的座椅人机几何参数分析

实验被试中 C 群体人数共 26 人，统计计算得出 C 群体对座椅各个参数评分的均值（表 5-10）、各个评分分值的频数和百分比（表 5-11）。推荐值和推荐范围的设定方法同上。各项中评分均值的最大值大部分为参数五。群体 C 对座高参数五 460mm 的评价最高，可作为推荐值，参数二 370mm 的评分集中在 2~4 分，倾向于不满意，因此作为极小临界值，推荐范围设定为 400mm–480mm。座深 370 的评分倾向于一般和不满意，可作为极小临界值，极大临界值延用大群体适用的参数 500mm，由于此次研究范围是列车内环境的座椅设计，受众群体范围也很大，即使在东北、山东等这样以大型身材群体居多的区域，也要顾及中小型身材的群体，座深过大，中小型身材的人坐座椅时离靠背的距离就会很大，舒适性不佳，同时还受到客容量的限制，因此座深不宜过大，如果车厢条件宽松座深可酌情扩大至550mm。靠背倾角25°的评分均值最大，可作为推荐值，10°角的评价以不满意居多，因此作为极小临界值，观察小型身材到大型身材群体，推荐值之前的倾角都是倾角越大满意度越大，推荐值之后就满意度开始变小。C群体对750mm的座间距和150mm的容膝距评价以不满意居多，因此作为极小临界值。

表5-10 大型身材群体C对座椅参数的评分均值

	参数一	参数二	参数三	参数四	参数五	参数六	参数七
座高	2.58	3.38	4.81	5.15	5.65	—	—
座深	3.04	3.50	4.38	5.27	5.58	—	—
座宽	2.77	3.69	4.46	5.08	5.42	—	—
靠背高	3.46	3.96	5.12	5.08	4.65	—	—
靠背宽	3.35	4.19	4.81	5.19	5.19	—	—
靠背倾角	2.04	3.23	3.81	4.54	5.38	5.81	5.62
座间距	1.88	2.81	4.08	4.81	5.62	5.31	5.15
容膝距	2.92	3.50	4.35	5.15	5.85	—	—

表5-11 大型身材群体C群体对座椅参数评分的分值频数及百分比

名称	分值	参数一		参数二		参数三		参数四		参数五		参数六		参数七	
		频数	百分比	频数	百分比	频数	百分比	频数	百分比	频数	百分比	频数	百分比	频数	百分比
座高	1	0	0	0	0	0	0	0	0	0	0	—		—	
	2	2	7.7	6	23.1	1	3.8	0	0	0	0	—		—	
	3	12	46.2	7	26.9	2	7.7	1	3.8	0	0	—		—	
	4	9	34.6	10	38.5	8	30.8	2	7.7	3	11.5	—		—	
	5	2	7.7	3	11.5	5	19.2	16	61.5	8	30.8	—		—	
	6	1	3.8	0	0	10	38.5	6	23.1	10	38.5	—		—	
	7	0	0	0	0	0	0	1	3.8	5	19.2	—		—	

（续表）

名称	分值	参数一		参数二		参数三		参数四		参数五		参数六		参数七	
		频数	百分比	频数	百分比	频数	百分比	频数	百分比	频数	百分比	频数	百分比	频数	百分比
座深	1	1	3.8	0	0	0	0	1	3.8	0	0	—	—	—	—
	2	8	30.8	4	15.4	0	0	0	0	0	0	—	—	—	—
	3	10	38.5	7	26.9	6	23.1	0	0	2	7.7	—	—	—	—
	4	4	15.4	13	50.0	5	19.2	1	3.8	1	3.8	—	—	—	—
	5	2	7.7	2	7.7	14	53.8	13	50.0	9	34.6	—	—	—	—
	6	1	3.8	0	0	1	3.8	10	38.5	8	30.8	—	—	—	—
	7	0	0	0	0	0	0	1	3.8	6	23.1	—	—	—	—
座宽	1	1	3.8	0	0	0	0	0	0	0	0	—	—	—	—
	2	14	53.8	1	3.8	1	3.8	0	0	0	0	—	—	—	—
	3	3	11.5	11	42.3	4	15.4	1	3.8	1	3.8	—	—	—	—
	4	7	26.9	9	34.6	6	23.1	5	19.2	4	15.4	—	—	—	—
	5	1	3.8	5	19.2	13	50.0	12	46.2	7	26.9	—	—	—	—
	6	0	0	0	0	1	3.8	7	26.9	11	42.3	—	—	—	—
	7	0	0	0	0	1	3.8	1	3.8	3	11.5	—	—	—	—
靠背高	1	2	7.7	1	3.8	0	0	0	0	0	0	—	—	—	—
	2	4	15.4	1	3.8	0	0	0	0	0	0	—	—	—	—
	3	7	26.9	7	26.9	2	7.7	1	3.8	7	26.9	—	—	—	—
	4	7	26.9	8	30.8	5	19.2	6	23.1	4	15.4	—	—	—	—
	5	5	19.2	7	26.9	8	30.8	11	42.3	8	30.8	—	—	—	—
	6	1	3.8	2	7.7	10	38.5	6	23.1	5	19.2	—	—	—	—
	7	0	0	0	0	1	3.8	2	7.7	2	7.7	—	—	—	—
靠背宽	1	1	3.8	0	0	0	0	0	0	0	0	—	—	—	—
	2	4	15.4	0	0	0	0	0	0	1	3.8	—	—	—	—
	3	10	38.5	4	15.4	4	15.4	2	7.7	0	0	—	—	—	—
	4	7	26.9	14	53.8	2	7.7	2	7.7	3	11.5	—	—	—	—
	5	4	15.4	7	26.9	15	57.7	11	42.3	12	46.2	—	—	—	—
	6	0	0	1	3.8	5	19.2	11	42.3	9	34.6	—	—	—	—
	7	0	0	0	0	0	0	0	0	1	3.8	—	—	—	—

（续表）

名称	分值	参数一		参数二		参数三		参数四		参数五		参数六		参数七	
		频数	百分比	频数	百分比	频数	百分比	频数	百分比	频数	百分比	频数	百分比	频数	百分比
靠背倾角	1	5	19.2	0	0	0	0	0	0	1	3.8	0	0	0	0
	2	15	57.7	6	23.1	1	3.8	0	0	0	0	0	0	0	0
	3	6	23.1	13	50.0	10	38.5	1	3.8	0	0	0	0	5	19.2
	4	0	0	2	7.7	10	38.5	13	50.0	0	0	4	15.4	4	15.4
	5	0	0	5	19.2	3	11.5	9	34.6	13	50.0	0	0	0	0
	6	0	0	0	0	2	7.7	3	11.5	12	46.2	19	73.1	4	15.4
	7	0	0	0	0	0	0	0	0	0	0	3	11.5	13	50.0
座间距	1	8	30.8	1	3.8	0	0	0	0	0	0	0	0	1	3.8
	2	14	53.8	10	38.5	1	3.8	0	0	0	0	1	3.8	0	0
	3	3	11.5	9	34.6	5	19.2	3	11.5	1	3.8	0	0	3	11.5
	4	1	3.8	5	19.2	14	53.8	5	19.2	2	7.7	7	26.9	7	26.9
	5	0	0	1	3.8	4	15.4	13	50.0	8	30.8	7	26.9	3	11.5
	6	0	0	0	0	1	3.8	4	15.4	10	38.5	4	15.4	3	11.5
	7	0	0	0	0	1	3.8	1	3.8	5	19.2	7	26.9	9	34.6
容膝距	1	3	11.5	1	3.8	0	0	0	0	0	0	—	—	—	—
	2	7	26.9	4	15.4	0	0	0	0	1	3.8	—	—	—	—
	3	7	26.9	7	26.9	8	30.8	0	0	0	0	—	—	—	—
	4	7	26.9	11	42.3	5	19.2	9	34.6	0	0	—	—	—	—
	5	2	7.7	1	3.8	10	38.5	7	26.9	9	34.6	—	—	—	—
	6	0	0	2	7.7	2	7.7	7	26.9	7	26.9	—	—	—	—
	7	0	0	0	0	1	3.8	3	11.5	9	34.6	—	—	—	—

5.2.4.5 小结

面向大群体、小型、中型以及大型身材群体的座椅参数推荐值（单位：mm）依次为座高：430、400、430、460；座深：450、400、450、500；座宽：480、450、480、510；靠背高：780、730、780、780；靠背宽：510、480、510、510；靠背倾角：20°、20°、20°、15°；座间距皆为900；容膝距：300、250、300、300。纵观各个群体对座宽和靠背宽的评价为越宽松越好，实际座椅设计时要在满足车厢过道宽的尺寸及座椅布局设计要求的基础上，选择在推荐范围内的最大值，但不得小于极小临界值。靠背过高会遮挡视线，靠背高不可超过880mm，推荐使用730~830范围内的数值。各个群体对靠背倾角和座间距的评价参数越大满意度越高，至推荐值往后满意度开始降低，车厢内的座间距过大时人们会有"不安全感"，靠背倾角过大则会引起不舒适感。容膝距一般建议座椅底座设计不阻挡脚部前伸的活动范围，不可避免阻挡时容膝距不得小于极小临界值100mm。

对被试身高、体重分别与座椅各个参数的评分值进行简单相关性分析，结果如表5-12中的相关系数，可以看出身高与座高、座深、座宽、靠背倾角、容膝距具有明显影响关系，体重与座高、座深、座宽、靠背倾角关系显著。

表5-12　身高、体重与座椅参数评分的相关性分析

		座高	座深	座宽	靠背高	靠背宽	靠背倾角	座间距	容膝距
身高	Pearson 相关性	0.622**	0.594**	0.408**	0.233*	0.070	0.324**	0.062	0.286**
	显著性（双侧）	0.000	0.000	.000	0.021	0.494	.001	0.549	0.004
体重	Pearson 相关性	0.423**	0.588**	0.355**	0.169	0.098	0.269**	-0.063	0.208*
	显著性（双侧）	0.000	0.000	0.000	0.098	0.338	0.008	0.540	0.041

注：**为在0.01水平（双侧）上显著相关，*为在0.05水平（双侧）上显著相关。

综上所述，符合大群体、小型、中型以及大型身材群体要求的座椅人机几何参数一般范围、推荐范围、推荐值、临界值如表5-13~表5-16所示：

表5-13　面向大群体的座椅人机几何参数（单位：mm）

名称	代码	一般范围	推荐范围	推荐值	极小临界值	极大临界值
座高	h	370-460	400-460	430	340	500
座深	a	370-500	400-500	450	340	500
座宽	b	430-510	450-510	480	410	—
靠背高	c	680-830	730-830	780	650	880
靠背宽	d	440-550	480-550	510	400	—
靠背倾角	γ	10°-30°	15°-30°	20°	5°	
座间距	f	800-950	850-950	900	750	1000
容膝距	e	≥150	≥200	300	100	—

表 5 - 14　面向小型身材群体 A 的座椅人机几何参数（单位：mm）

名称	代码	推荐范围	推荐值	极小临界值	极大临界值
座高	h	370 - 400	400	340	500
座深	a	370 - 450	400	340	500
座宽	b	430 - 480	450	400	—
靠背高	c	680 - 830	730	650	880
靠背宽	d	440 - 550	480	400	—
靠背倾角	γ	10° - 30°	20°	5°	—
座间距	f	850 - 950	900	700	1000
容膝距	e	≥150	250	100	—

表 5 - 15　面向中型身材群体 B 的座椅人机几何参数（单位：mm）

名称	代码	推荐范围	推荐值	极小临界值	极大临界值
座高	h	370 - 460	430	340	500
座深	a	400 - 500	450	340	500
座宽	b	450 - 510	480	410	—
靠背高	c	680 - 830	780	650	880
靠背宽	d	480 - 550	510	400	—
靠背倾角	γ	10° - 30°	20°	5°	—
座间距	f	850 - 950	900	700	1000
容膝距	e	≥200	300	100	—

表 5 - 16　面向大型身材群体 C 的座椅人机几何参数（单位：mm）

名称	代码	推荐范围	推荐值	极小临界值	极大临界值
座高	h	400 - 480	460	370	500
座深	a	400 - 500	500	370	500（根据情况可增加至550）
座宽	b	450 - 510	510	430	—
靠背高	c	680 - 830	780	650	880
靠背宽	d	480 - 550	510	440	—
靠背倾角	γ	15° - 30°	25°	10°	—
座间距	f	850 - 1000	900	750	1000
容膝距	e	≥200	300	150	—

5.3 高速列车乘客座椅曲面造型舒适度研究

5.3.1 问题的提出

美的造型以优雅、干练、健壮等形式来取悦人视觉上的快感，世上很多这样的尤物却是可观而不可亵玩，比如带刺的玫瑰。产品设计中真实的美应是可亲近的、具有舒适体验的美。列车座椅可以以美好的曲面形态、色彩、材质吸引乘客走进车厢，但一定是要经得住人们舒适乘坐，尤其是长时间乘坐的考验。至此便可提出问题，什么样的曲面是舒适的，并且能够长时间保持良好的乘坐舒适体验？舒适的曲面形态是否与人体姿态有关？能否找到规律或规则可供设计师参考？

本书研究的座椅曲面造型主要涉及与人体接触的坐垫及靠背曲面造型，研究目的是找到舒适曲面造型的规律或规则，提出座椅曲面造型优化设计建议。分析评价法结合体压压分指标的客观测量与舒适度量表的主观评分。

5.3.2 体压分布指标及预实验

5.3.2.1 体压分布指标

体压分布（Pressure distribution）是人坐落于座椅时，在坐垫、靠背接触面上产生的压力及其分布情况[108]。通过置于人体与座椅之间的压力传感器得到相关压力参数及可视化数据等。以下是对国内外有关座椅体压分布的指标计算评价方法及其表征的综述，包括基本指标、静态体压分布指标及动态体压分布指标。

1. 基本指标

Niels 采用最大压力、压力梯度、平均压力以及最大压力的位置来分析描述坐在平坦、较硬的水平座面上体压分布情况[109]。徐明等[43]提出表征体压分布的 8 个指标，分别是最大压力 P_{max}、平均压力 P_{av}、最大压力梯度 G_m、平均压力梯度 G_v、不对称系数 C_u、纵向压力分布曲线 P_L、纵向力矩分布曲线、侧倾稳定性系数 S，并结合座椅的舒适性对其物理意义进行了初步分析。笔者提出 P_{max}、P_{av} 与坐垫刚度呈线性关系；G_m、G_v 表征为坐垫刚度、材质分布情况；不对称系数 C_u 表征坐姿是否合理、压力分布不对称程度；纵向压力分布曲线 P_L 综合反映坐垫刚度、形状、坐垫离地高度等几何物理特性；侧倾稳定系数 S 体现坐垫稳定性。

需要特别指出的是，徐明等定义的最大压力梯度及平均压力梯度的计算方法，需要对每个压力点到每个方向各个压力点的梯度进行计算，计算量很大，而且实际意义并不大[47]。因为人身体各部位需要的支撑并不同，对整体舒适度有不同程度的影响，例如 DE looze 提出靠背和腰部上有足够的支撑是非常重要的[14]。因此有必要有针对性地对各人体关键部位的压力梯度进行分析，衡量压力分布是否合理。Niels 选择典型的区域（坐骨结节区域）进行压力梯度计算，并提出了圆型压力梯度及线型压力梯度计算方法[47]。

一些学者通过分解不同压力区域的方法，分析静态及动态情况下的体压分布指标与舒适度的关系。Kazushige 等[110]将坐垫区域进行划分，如图5 – 20 所示，A 区为坐骨下 4cm × 4cm 区域，B 区为 A 区周围的 10cm × 10cm 区域，C 区为整个臀部区域，D 区为 C 区以外并包含腿部的区域。在静态情况下，测量计算各区域的压力总和，与主观评价结果综合分析，发现坐骨区域的压力影响座椅的两个舒适因素（泡沫硬度感觉以及向下底部感）。

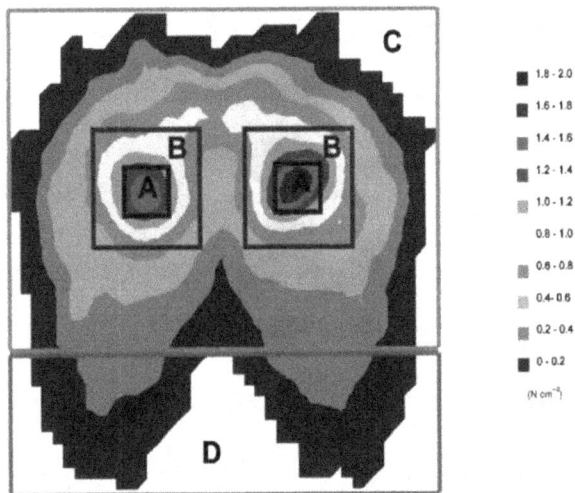

图5 – 20 坐垫体压分布区域划分

Seokhee 等[111]将靠背区域分为背部区域及腰部区域，坐垫分为臀部区域及腿部区域，如图5 – 21 所示。为研究动态压力变化情况，作者提出了体压变化量（Body pressure change variable），当前时间点对比上一个时间点的靠背与坐垫总压力发生变化视为一个压力变化量。通过实验界定了靠背压力变化超出 15% 则被视为靠背体压发生变化，坐垫压力变化超出 5% 则被视为坐垫体压变化。体压变化量表征坐姿变化的频繁程度，研究发现随着驾驶时间的增加，体压变化量及不舒适度随之增加。

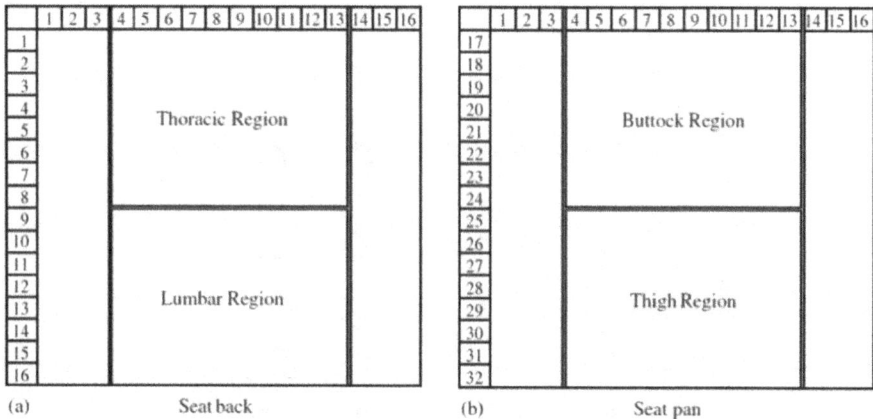

图 5-21　靠背及坐垫的体压区域划分

（2）静态的体压分布指标

①静态座椅压力分布 SPD%。均匀的压力分布可以表征较好的舒适度，Ahmadian 等[46]为表征坐垫能够产生均匀压力分布的能力，提出了座椅压力分布指标（Seat Pressure Distribution SPD%），计算公式如下：

$$SPD\% = \frac{\sum_{i=1}^{n}(p_i - p_{av})^2}{4np_{av}^2} \times 100 \qquad (5-4)$$

其中 P_i 为第 i 个单元上的压力，p_{av} 为平均压力，n 是非零值的压力点总数。SPD% 可用于静态及动态环境下压力分布的计算。$SPD\%$ 表征坐垫上整体体压分布的均匀程度，SPD% 越小，则越均匀。

②圆型压力梯度 G_c。圆型压力梯度 G_c 指坐骨结节处压力变化率[47]。圆型压力梯度是对方形压力点阵列上压力梯度的平均值，假设这个方形阵列是以中心为对称的，选取 5×5 的单元格，最大压力点为中心点，以中心点画五个圆，如图 5-22 所示，设 $r_1 = d$，$r_2 = d\sqrt{2}$，$r_3 = 2d$，$r_4 = d\sqrt{5}$，$r_5 = 2d\sqrt{5}$。除了 r_4 圆上有 8 个压力点外，其他的都是 4 个压力点。五个圆上的压力梯度为：

$$G_C^{'}(r_1) = \sum_{j=1,n_1} \frac{p_{max} - p_{r_1 j}}{r_1} \cdots G_C^{'}(r_5) = \sum_{j=1,n_5} \frac{p_{max} - p_{r_5 j}}{r_5} \quad (5-5)$$

n_j 为相应圆上压力点的个数。坐骨结节处的压力梯度 G_C 为五个圆型压力梯度的平均值：

$$G_C = \frac{\sum G_C^{'}(r_i)}{5} \quad (5-6)$$

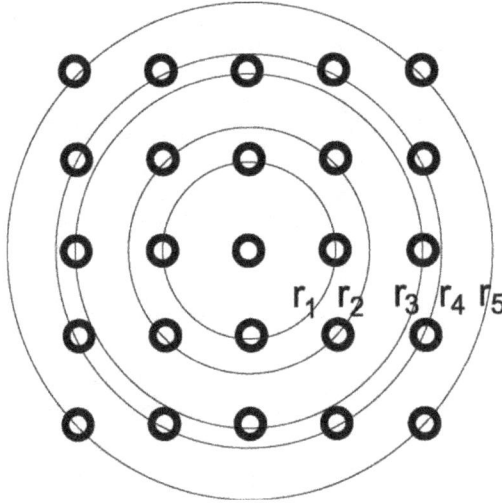

图 5-22 圆型压力梯度计算陈列

③线型压力梯度 G^T。如图 5-23 显示左右两个坐骨结节区域的压力示意图，T 为两个坐骨结节的距离。通过最大压力点画线，与 $10kPa$ 压力等高线的两个水平交点为外侧点（lateral）与内侧点（medial），由传感器单元格的大小，可知内侧点、外侧点到压力最大点的距离：$\Delta s_{m,right}$，$\Delta s_{l,right}$，$\Delta s_{m,left}$，$\Delta s_{l,left}$。相应 $G_{m,right}^T$，$G_{l,right}^T$，$G_{m,left}^T$，$G_{l,left}^T$ 的线型压力梯度计算为 $\Delta p/\Delta s$，外侧与内侧的压力梯度以及线型平均压力梯度 G^T 为：

$$G_l^T = \frac{1}{2}(G_{l,right}^T + G_{l,left}^T) \quad (5-7)$$

$$G_m^T = \frac{1}{2}(G_{m,right}^T + G_{m,left}^T) \quad (5-8)$$

$$G^T = \frac{1}{2}(G_l^T + G_m^T) \quad (5-9)$$

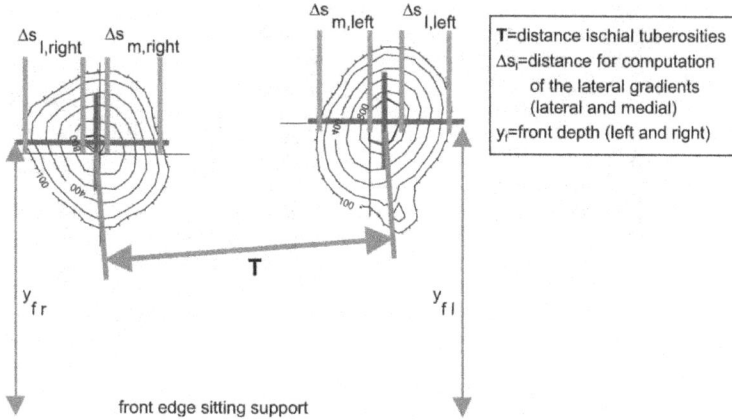

图 5 – 23　线型梯度计算示意图

圆型压力梯度 G_C 与线性压力梯度 G^T 都是表征坐骨结节区域的压力变化率，值越小表明该区域的体压分布越均匀。

（3）动态的体压分布

①动态座椅压力分布 $DSPD\%$。动态压力分布 $DSPD\%$ 是计算测试过程中连续时间内 $SPD\%$ 的变化率。$DSPD\%$ 可以表征一段时间内坐垫维持均匀压力分布的能力。计算公式为：

$$DSPD\% = \frac{\int_0^T SPD\%(t)\,dt}{T} \qquad (5-10)$$

②压力变化率均方根 $Pcrms$。压力均方根 $Pcrms$ 适用于瞬时明显振动情况下的压力均匀分布情况。Koro 等[112]将靠背区域分为 9 个部分，坐垫分为 6 个部分，如图 5 – 24 所示。假设路况突然变化是影响人体部位不舒适的主要因素，计算时间轴上每个部分的动态压力 $P(t)$ 变化率以及压力变化率均方根（Pressure Change rate Root – Mean – Square Pcrms）。计算公式如下：

$$Pcrms = \left\{ \frac{1}{T} \int_0^T \left(\frac{dp(t)}{dp} \right)^2 dt \right\}^{1/2} \qquad (5-11)$$

其中 T 为总时间，$P(t)$ 为动态压力。$Pcrms$ 没有确切的阈值表征那种座椅是舒适的或者不舒适的，适用于不同材质结构坐垫的舒适度比较分析。$Pcrms$ 值越低表征坐垫吸收振动的性能越好。

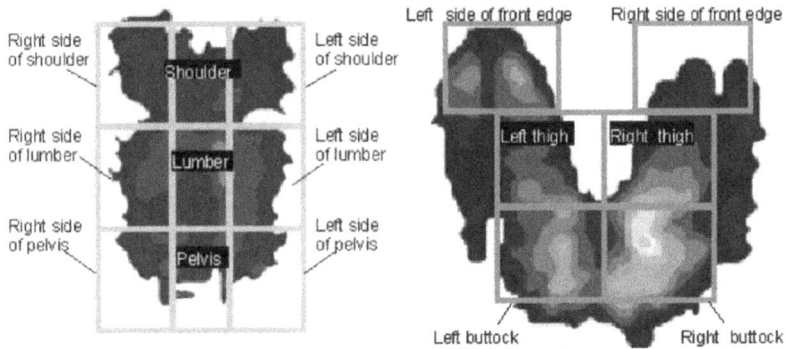

图 5 - 24　用于 Pcrms 计算的体压分布区域划分

③区域压力变化率 aPcrms。

长时间的乘坐会对人体健康造成一定的损害。坐骨下的软组织会被压缩变形，极大的压力造成血液循环不佳而感到不舒适或者疲劳。为此 Ahmadian 等[46]在 Pcrms 的基础上，为不同体压范围给出权重值提出区域压力均方根（Aare Pressure Change Rate aPcrms）计算方法。aPcrms 是对乘坐座面上压力分布、接触面积以及压力变化率的计算。根据人体生理学因素，界定了 4 个压力范围 r_i，并给定每个压力范围一个权重值 W_i，如表 5 - 17 所示。aPcrms 的计算公式为：

$$APcrms = \sum_{i=1}^{4} A(r_i) Pcrms(r_i) W(r_i) \tag{5-12}$$

计算整个过程中每个时间点的压力平均值 $P_{av}(n)$，每个时间点的压力范围 $A(r_i)$ 的面积进行统计计算。Mehdi 给出了具体的计算步骤，通过计算比较，动态条件下两个不同材料等级坐垫的 aPcrms 有明显差异，aPcrms 越低舒适度就越高。

表 5 - 17　用于 aPcrms 计算的压力范围和权重值

压力范围，r_i	权重值，$W(r_i)$
r_1: $40 \leqslant P_m(n) < 60\text{mmHg}$	$W(r_1) = 1$
r_2: $60 \leqslant P_m(n) < 80\text{mmHg}$	$W(r_2) = 2$
r_3: $80 \leqslant P_m(n) < 100\text{mmHg}$	$W(r_3) = 3$
r_4: $P_m(n) > 100\text{mmHg}$	$W(r_4) = 4$

5.3.2.2　预实验一：不同曲面造型的体压分布指标特征

对三种曲面造型坐垫的体压分布指标进行测量计算，结合主观评价结果，分析静态情况下不同曲面造型坐垫的体压分布指标与舒适度的关系。

用同等硬度的聚氨酯泡沫材料制作三种曲面造型的坐垫放置于可调节实验椅上（图 5 - 26）。第一种坐垫 S1 横断面较平坦，第二种 S2 中部下凹 6cm，第三种 S3 中间略微下凹 3cm（图 5 - 25）。其他关键座椅参数为座高 42cm、坐深 45cm、靠背倾角 20°。被试以放松的姿势坐落于坐垫之上，通过人—椅界面之间的 Tekscan 压力传感器，测得体压数据，同时被试根据自我感受，对坐骨结节处及整体坐垫舒适度进行主观评分（7 级量表）。被试信息：男，身高 172cm，体重 65Kg。

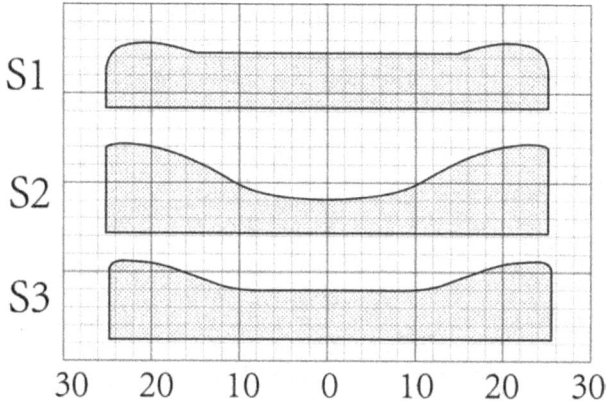

图 5 - 25　实验坐垫的三种不同曲面造型

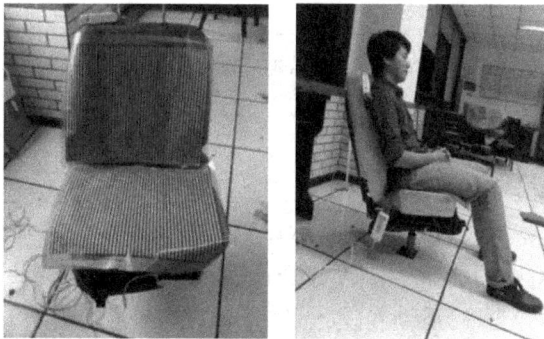

图 5 - 26　压力分布测试传感器及实验现场

由压力传感器直接读取最大压力 P_{max}、平均压力 P_{av}、以及接触面积 A，根据所测得的各个点的压力数据计算得出 G_c、G^T 以及 SPD%。结果如表 5 - 18 所示。

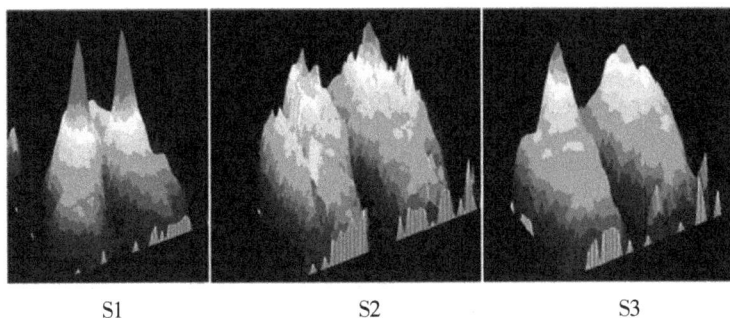

S1　　　　　　　S2　　　　　　　S3

图 5 - 27　不同曲面造型坐垫的三维体压分布图

表 5 - 18　不同曲面造型的坐垫体压分布指标数据

	S1	S2	S3
最大压力 P_{max}/kpa	18.11	10.43	12.34
平均压力 P_{av}/kpa	3.91	3.84	3.83
接触面积 A/cm^2	1113	1282	1378
圆型压力梯度 G_C/（kPa/cm）	9.54	2.46	1.29
线型压力梯度 G^T/（kpa/cm）	3.90	2.46	1.29
SPD%	9.81	6.45	4.60
坐骨舒适评分	1	5	7
整体舒适评分	1	4	6

对比表中各项指标数据，可以看出不同曲面造型坐垫的体压指标 P_{max}、G_C、G^T 以及 SPD% 具有明显的差异。按照坐骨结节处以及坐垫整体舒适度评分对三种坐垫依次排序为：$S3 > S2 > S1$。G_C、G^T 以及 SPD% 与舒适度呈线性关系，G_C 与 G^T 越小，表征坐骨结节处的压力变化率越小，舒适度评价越高，SPD% 越小表征整体压力分布越均匀，整体舒适度评价越高。因此下凹适中的曲面坐垫较为舒适，断面平坦的坐垫最大压力较大，且压力分布不均匀，舒适性较差。平均压力 P_{av} 与坐垫形状无关。

5.3.2.3　预实验二：不同硬度材料的体压分布特征

对两种不同硬度材料以及不同体征的坐压分布指标进行测量，分析静态情况下，不同软硬材料的体压分布特征。采用不同硬度的聚氨酯泡沫制作两个形状一致的坐垫，置于实验椅之上。座椅关键参数与上述实验相同。征集三名不同体征的被试（表 5 - 19），采用放松的坐姿进行体压测量。

表 5 - 19　被试信息

被试	性别	身高 H/cm	体重 M/kg
A	女	163	57
B	男	174	60
C	男	176	87

统计计算得出最大压力 $P_{\max}$、平均压力 P_{av} 及座椅压力分布 $SPD\%$ 值，如图 5 - 28，5 - 29 所示。由压力传感器得到压力分布图，图 5 - 30 分别为软垫、硬垫三个被试的压力分布图。

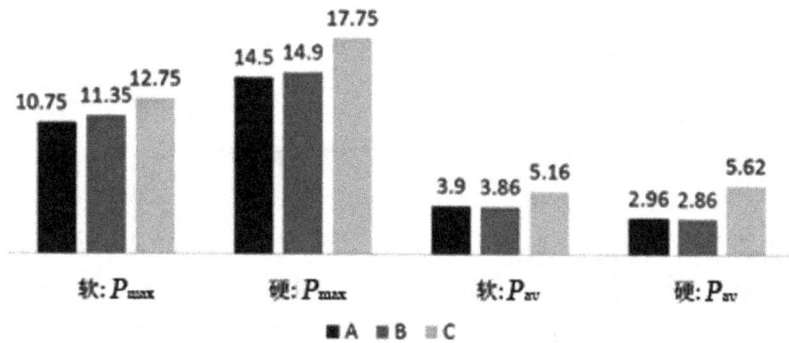

图 5 - 28　软、硬坐垫的最大压力与平均压力

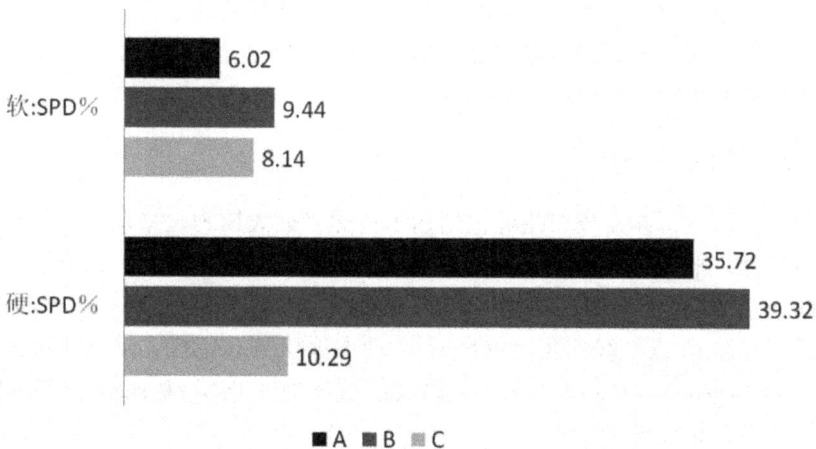

图 5 - 29　软、硬坐垫的 $SPD\%$

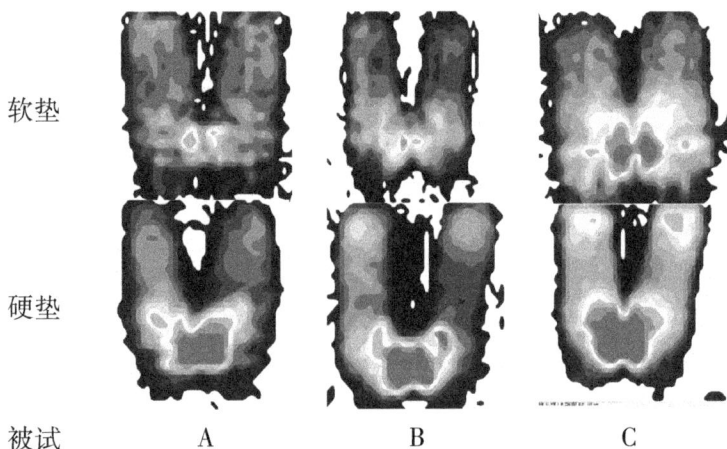

图 5-30 软、硬坐垫体压分布热图

由图 5-28、图 5-29 可看出，体压指标 P_{max} 以及 $SPD\%$ 可以明显地表现坐垫材料的软硬度，较硬的坐垫，P_{max} 以及 $SPD\%$ 值较大。需要指出的是，硬垫的平均压力 P_{av} 值较小，而且体重大的被试 C 坐在两个软、硬垫上的平均压力值以及 $SPD\%$ 值相差无几，这表明被试体重过大，超过一定的阈值后，$SPD\%$ 就不能再反映表征材料的软硬度了。另外由硬垫的座椅压力分布热图（图 5-30）可以看出，坐骨结节处的压力较大，而且范围也较大，以至于不能明显的分辨出坐骨结节的位置，因此坐骨结节处的压力梯度 G_c 与 G^T 就无法计算。

5.3.2.4 小结

综上所述，体压分布指标包括基本指标：最大压力、平均压力、最大压力梯度、平均压力梯度、不对称系数、纵向压力分布曲线、纵向力矩分布曲线及侧倾稳定性系数；静态体压分布指标：座椅压力分布 $SPD\%$、圆型压力梯度 G_c 以及线型压力梯度 G^T；动态体压分布指标：动态座椅压力分布 $DSPD\%$、压力变化率 Pcrms 以及区域压力变化率 aPcrms。各项体压指标的表征如表 5-20 所示：

表 5 – 20 体压分布指标及其表征

体压指标	表征
最大压力 P_{max}	坐垫软硬度，越硬的坐垫 P_m 较大
平均压力 P_{av}	文献［53］提出 P_v 表征坐垫刚度及表面形状，但根据本节第一组实验得出的数据，不同曲面造型的 P_v 并无明显差异
最大压力梯度 G_m	体现坐垫刚度及材质分布。
平均压力梯度 G_v	体现坐垫材质的分布是否合理及刚度的大小
不对称系数 C_u	体现坐姿是否合理，座椅的对称性
纵向压力分布曲线 P_L	臀部、腿部受压及压力的变化趋势，综合反映坐垫刚度、形状、坐垫离地高度等几何物理特性
纵向力矩分布曲线	体现座椅保持人体平衡的能力
侧倾稳定性系数 S	发生侧倾时，坐垫使之恢复平衡位置的能力
静态 $SPD\%$	表征坐垫产生体压均匀分布的能力
G_C、G^T	表征坐骨结节区域的压力变化率
动态 $DSPD\%$	表征一段时间内坐垫保持均匀体压分布能力
$Pcrms$	瞬间明显振动下，坐垫缓解振动频率的能力
$APcrm$	长时间振动条件下，坐垫缓解振动的能力。

不同曲面造型坐垫的体压分布指标 P_{max}、G_C、G^T 以及 $SPD\%$ 值具有明显差异，G_C、G^T 以及 $SPD\%$ 与舒适度呈线性关系，G_C 与 G^T 越小，坐骨结节处的舒适度越高，$SPD\%$ 越小整体舒适度评价越高。下凹适中的坐垫曲面较为舒适，断面平坦的坐垫最大压力较大，且压力分布不均匀，舒适性较差。平均压力 P_v 与坐垫形状无关。

体压指标最大压力 P_{max} 以及 $SPD\%$ 可以明显表征坐垫材料的软硬度，较硬的坐垫，P_{max} 以及 $SPD\%$ 值较大。

体重较大，超过一定的阈值后，$SPD\%$ 就不能反映表征材料的软硬度。在今后的研究中，需通过实验分析得出该阈值的大小或范围。

5.3.3 实验方法

采用主客观相结合的评价分析方法，研究静、动态座椅曲面造型的舒适度。根据 5.1.2 节分解的座椅关键功能形态模块，制作不同曲面关系的座椅坐垫和靠背模型，静态舒适度分析是被试落座于实验座椅（几何参数一致）上，调整好放松的坐姿后，根据人的身体部位示意图对整体舒适度和局部舒适度的做出评价，由于体压与人的体征有着密切的关系，因此各个曲面形态座椅的体压分布测量则是对大、中、小典型身材被试的测量。动态舒适度分析是分析乘坐 2 个小时以内的体压分布情况以及主观评分。正式实验之前，对被试进行了 4 个小时以内的测量，这个时长对于被试来说时间过长，被试在 2 小时后开始频繁的变换坐姿、活动等，对曲面形态单因素的研究增加了其他干扰变量，因此最终动态舒适度的正式实验时间定为 2 个小时，实验过程中每隔 15 分钟测量纪录一次 30s 的体压数据。最后通过数据分析坐垫曲面形态与体压分布指标以及舒适度评价的关系，最终给出坐垫及靠背曲面形态的设计建议。

本研究共分为三组实验，实验一为静态舒适度研究，得到主观评分和体压分布数据，分析坐垫靠背横纵断面与舒适度、体压分布指标之间的关系；实验二为头枕、腰靠舒适度分析，作为实验一的补充，研究头枕、腰靠尺度与舒适度的关系，得到头枕、腰靠合理的凸出高度和位置高度；实验三为不同乘坐时长的舒适度分析，得到主观评分及体压分布数据，分析长期乘坐条件下座椅曲面形态的舒适度及其与体压分布之间的关系。

5.3.3.1　实验模型

收集整理国内外列车座椅，分析其曲面形态特征以及尺度关系，并结合人体坐姿头颈部、后背、腰臀部的形态特征，本研究共设计了 5 种不同曲面形态的靠背以及 12 个坐垫，基本几何参数一致，如下表所示：

表 5 – 21　曲面形态实验座椅人机几何参数（单位：mm）

名称	代码	推荐值
座高	h	430
座深	a	400
座宽	b	450
靠背高	c	780
靠背宽	d	450
靠背倾角	γ	15°

（1）靠背曲面形态描述

五个靠背纵断面的头枕、腰靠凸出程度不一样，如图 5 – 31 所示，靠背 B1 为平坦的曲面，靠背 B2 – B4 头枕依次向前凸出 1cm、2cm、3cm，B2 – B4 腰靠依次向前突出 2cm、3cm、4cm，B5 的纵断面是与第 90 百分位身高的男性人体背部的曲线与较为吻合的设计；头枕、背部、腰靠横断面是根据与人体头颈、背部及腰部的不同贴合程度来设计的，如图 5 – 32 所示，B1 为平坦头枕，B2 – B4 头枕内宽依次为 16cm、26cm、34cm，B5 头枕内宽与 B4 相同，B3、B4 头枕两侧的侧枕凸出 6cm，B5 侧枕凸出 10cm。B2 背部横断面前缘为圆弧形，B3 – B5 为背部两侧包裹型，B3 的侧面包裹较大，外侧边缘凸出 8cm。B2 – B5 腰靠横断面两侧皆为包裹型，外侧凸出 5cm，B3 前缘曲线凸出 2cm。

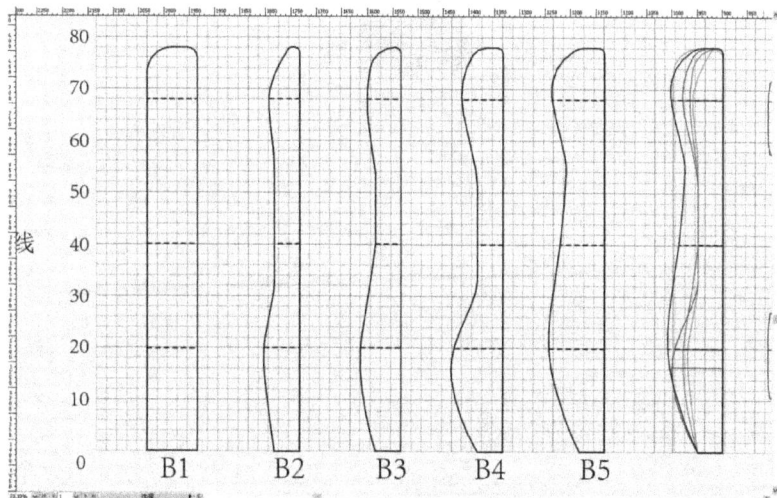

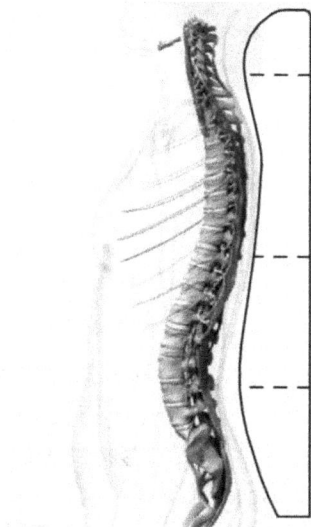

图 5 – 31　靠背纵断面曲线尺寸示意图

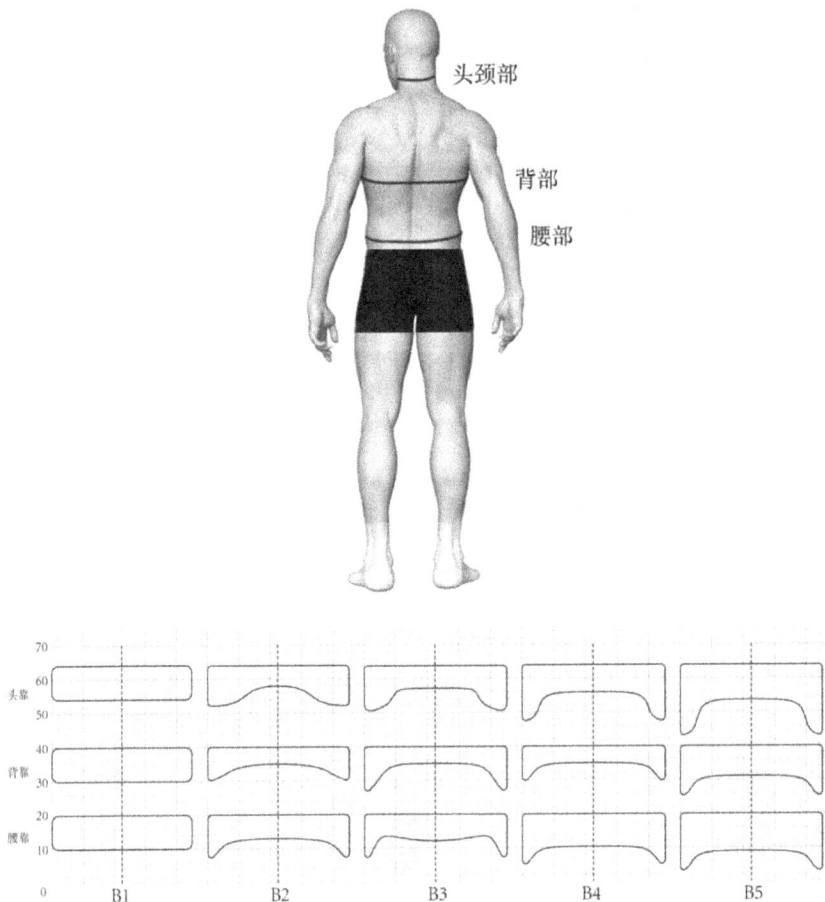

图 5 - 32　靠背横断面曲线尺寸示意图

（2）坐垫曲面形态描述

如图 5 - 33 所示，坐垫 S1 - S3 坐面为平坦面，S1 前缘为大倒角，S2 前缘内凹，S3 前缘为外凸圆弧；坐垫 S4 前边上翘 5cm；坐垫 S5、S6 为大腿两侧包裹型，S5 外侧凸出 5cm，S6 外侧凸出 7cm；坐垫 S7 的坐面为臀腿部贴合型，曲面与人体臀部和大腿相贴合，近似坐在沙土上所拓印下的形状；坐垫 S8 横断面为下凹圆弧形；S9、S10 为中间低外侧凸出型，两侧及前缘上翘，S9 中间为平坦面，S10 中间比 S9 向后倾斜 3cm；S11 为后面两侧包裹型；S12 为具有横向凹凸肌理的表面。

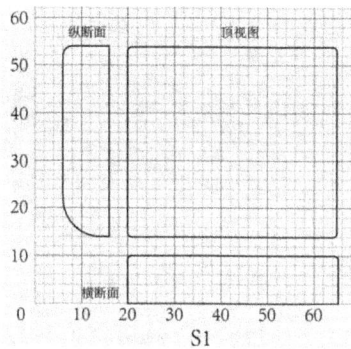

S1

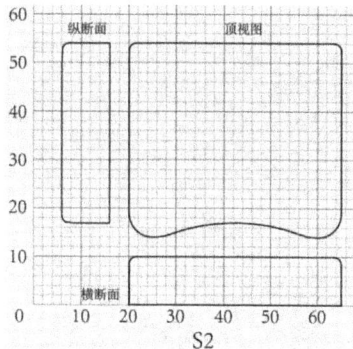

S2

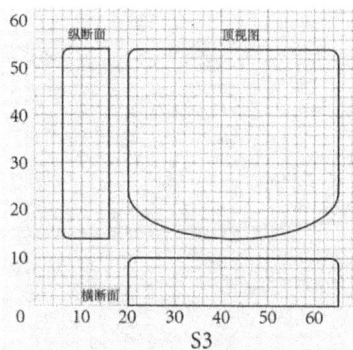

S3

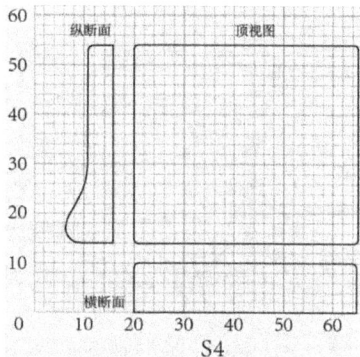

S4

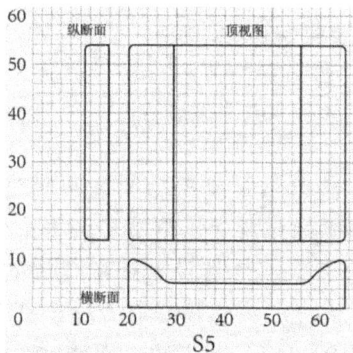

S5

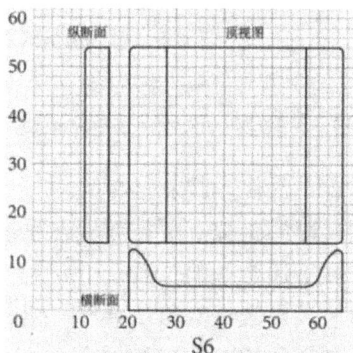

S6

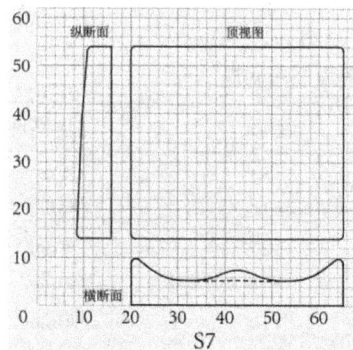

S7

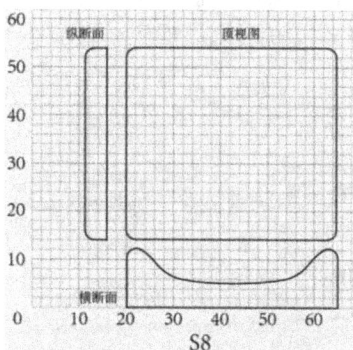

S8

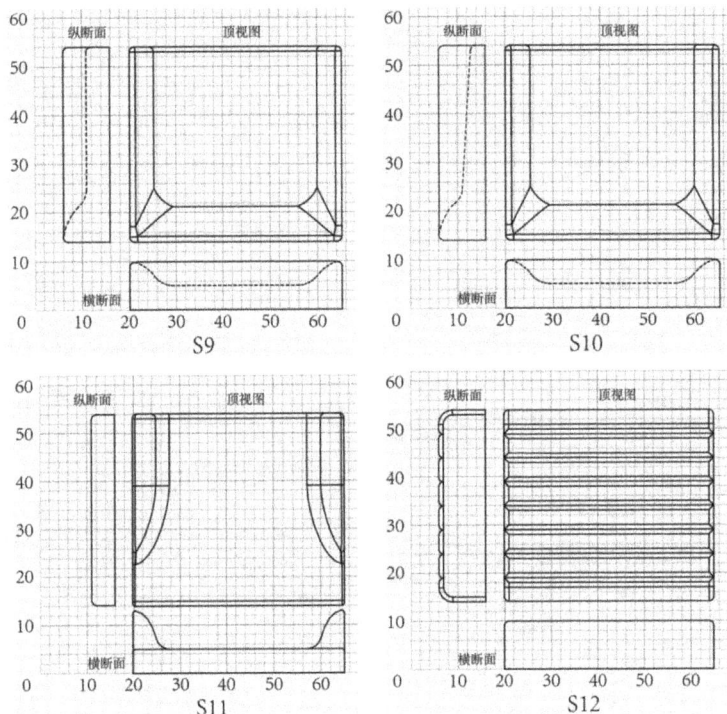

图 5－33　坐垫形面三视图及尺寸示意图

（3）实验二：头枕、腰靠尺度

实验二头枕、腰靠是单独对颈部、腰部舒适度的分析。实验过程中，将不同尺度的头枕、腰靠放置在平坦曲面的靠背上，被试自己将头枕、腰靠放置在舒适合理的位置，并进行评分，最终统计计算得出合理的头枕、腰靠位置及参数。实验二共有三组凸出高度的头枕及腰靠。凸出高度是指头枕、腰靠向前（面向被试方向）凸出的尺度，即头枕、腰靠前缘最高点到靠背的垂直距离。具体参数如表 5－22 所示。

表 5－22　头枕腰靠凸出高度

组别	名称	代码	凸出高度
第一组	头枕	T1	30mm
	腰靠	Y1	30mm
第二组	头枕	T2	50mm
	腰靠	Y2	50mm
第三组	头枕	T3	70mm
	腰靠	Y3	70mm

（4）模型制作

　　模型材料为软性的聚氨酯泡沫材料，硬度为 45 度。首先利用计算机辅助设计软件 Rhinoceros 4.0 模拟三维模型，得到其他横断面和纵断面曲线，如图 5 - 34、图 5 - 35 所示。然后打印出 1：1 图纸，剪裁出断面后，在 100cm、50cm、10cm 的泡沫上进行比划切割，工具刀切割出大形后，再用打磨机对表面进行打磨、修型处理，如图 5 - 36 所示。最后在模型表面绷上一层棉网布保护模型不变形，如图 5 - 37 所示。

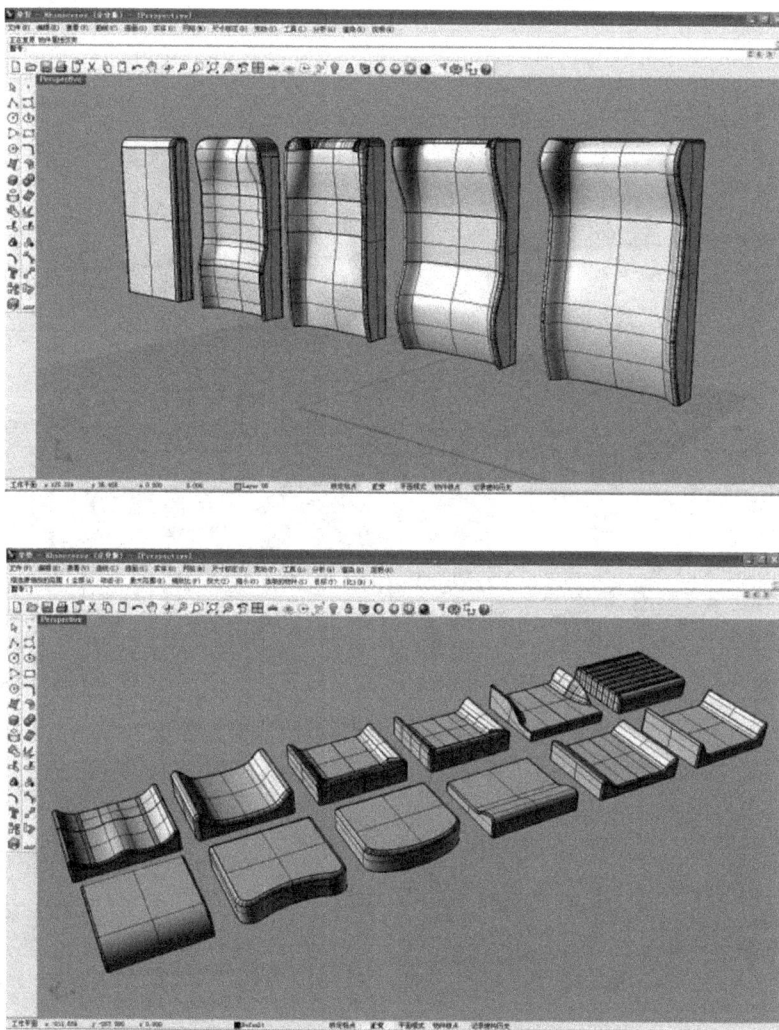

图 5 - 34　靠背和坐垫计算机三维建模

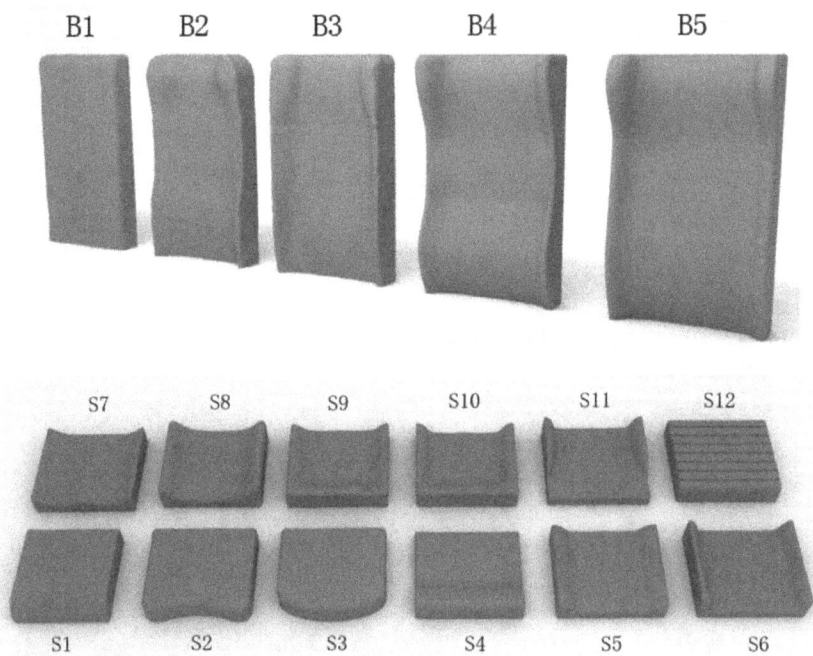

图 5 – 35　靠背和坐垫的三维模型渲染图

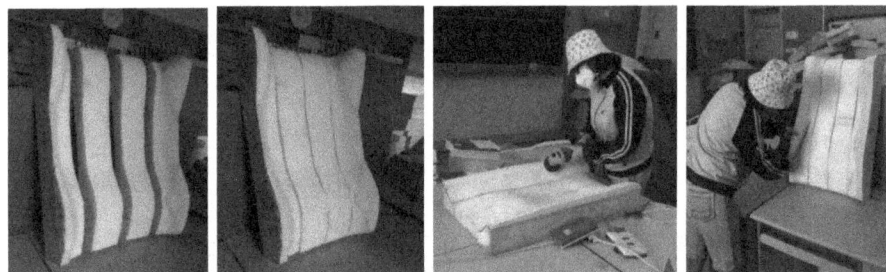

图 5 – 36　聚氨酯泡沫模型的切割与打磨

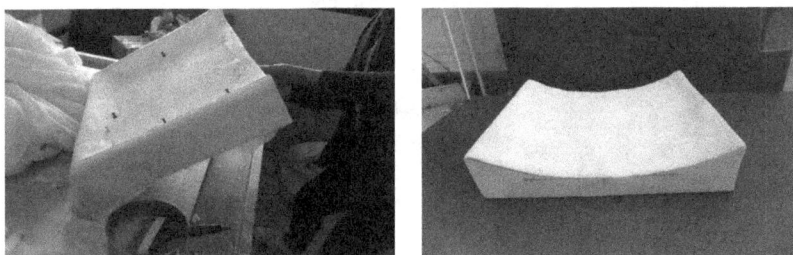

图 5 – 37　模型绷布成型

5.3.3.2　实验装置

人体压力测试传感器为美国 Tekscan 公司生产的 Tekscan 压力分布测量系统，如图 5 – 38 所示，如图 5 – 38 所示。传感器为座椅专用的坐垫以及靠垫薄膜感测片，厚度为 0.35mm，单张测量面积为 471mm × 471mm，感测点数为 1024 个。测量分析系统为 BPMS Research 7.10，可实现主要参数（压力、面积、时间）实时运行记录，能实现压力和面积、压力和时间对应的图形或曲线关系，记录时间长度最长大于 30000 秒（视不同的计算机记忆容量及软件设定的取样速度而定，可更高或更低）。

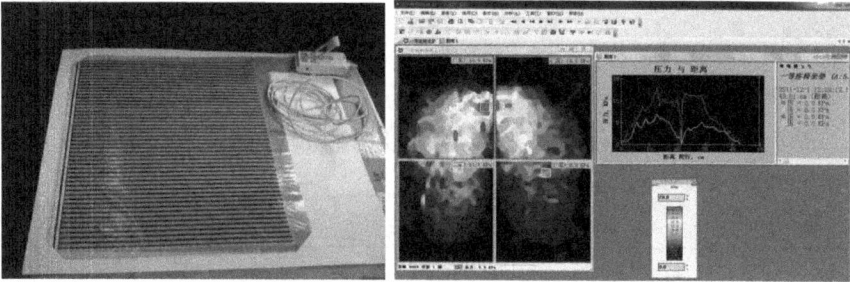

图 5 – 38　Tekscan 压力分布感测片及测量分析系统

5.3.3.3　实验被试

静态舒适度实验中的舒适度量表评价被试为上一节尺寸重构的被试，共 97 人，身高体重从第 5 百分位至第 95 百分位，符合正态分布；体压分布测量为选拔出的大、中、小型典型身材的被试，男女各选一名，身高体重数据如表 5 – 23 所示。

表 5 – 23　实验被试信息

序号	性别	年龄	身高/mm	体重/kg
1	男	29	179	85
2	女	29	162	80
3	男	29	174	65
4	女	28	162	62
5	男	28	172	56
6	女	26	160	49

长期乘坐条件下的舒适度实验选出一名第 90 百分位的女性被试，身高 164cm，体重 62kg。被试无颈、脊椎疾病，身体健康，知情同意。

5.3.3.4　舒适度量表

对于非专业的被试来说理解座椅的各个曲面形态特征是很困难的，本实验的量表设计不再以对座椅某特征或参数的满意度评价，而是转换为人体关键部位的舒适度评分。舒适度的评价量表为 7 级量表，舒适程度从低到高依次为 1 到 7 分：

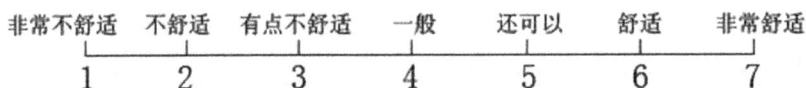

非常不舒适	不舒适	有点不舒适	一般	还可以	舒适	非常舒适
1	2	3	4	5	6	7

以下是问卷部分量表举例（详见附录 4）。

请您试坐 5 组靠背，并在分值括号内为相应身体部位的舒适程度打分：

靠背一

名称	非常不舒适 1	不舒适 2	有点不舒适 3	一般 4	还可以 5	舒适 6	非常舒适 7
头部	☐	☐	☐	☐	☐	☐	☐
颈部	☐	☐	☐	☐	☐	☐	☐
肩顶	☐	☐	☐	☐	☐	☐	☐
肩胛骨处	☐	☐	☐	☐	☐	☐	☐
后背	☐	☐	☐	☐	☐	☐	☐
腰部	☐	☐	☐	☐	☐	☐	☐
靠背整体舒适度	☐	☐	☐	☐	☐	☐	☐

……

请您试坐 12 组坐垫，并在分值括号内为相应身体部位的舒适程度打分：

坐垫一

名称	非常不舒适 1	不舒适 2	有点不舒适 3	一般 4	还可以 5	舒适 6	非常舒适 7
臀部	□	□	□	□	□	□	□
坐骨结节	□	□	□	□	□	□	□
大腿根部	□	□	□	□	□	□	□
大腿	□	□	□	□	□	□	□
小腿	□	□	□	□	□	□	□
脚部	□	□	□	□	□	□	□
坐垫整体 舒适度	□	□	□	□	□	□	□

……

5.3.4　实验测量

（1）主观评价

实验一：研究员提前给被试讲解量表中身体部位的区域位置，告知 7 级分值每个分值的含义，被试分别试坐 5 个靠背 12 个坐垫，落座调整好姿势后，对照人体部位示意图（图 5－39），对每个坐垫及靠背对应的人体部位进行舒适度评分。

实验二：被试根据自己的情况，分别将三组头枕、腰靠放置于舒适合理的位置，实验员测量记录头枕、腰靠在靠背上的位置高度，然后被试分别对每组头枕、腰靠的凸出高度进行舒适度评分。

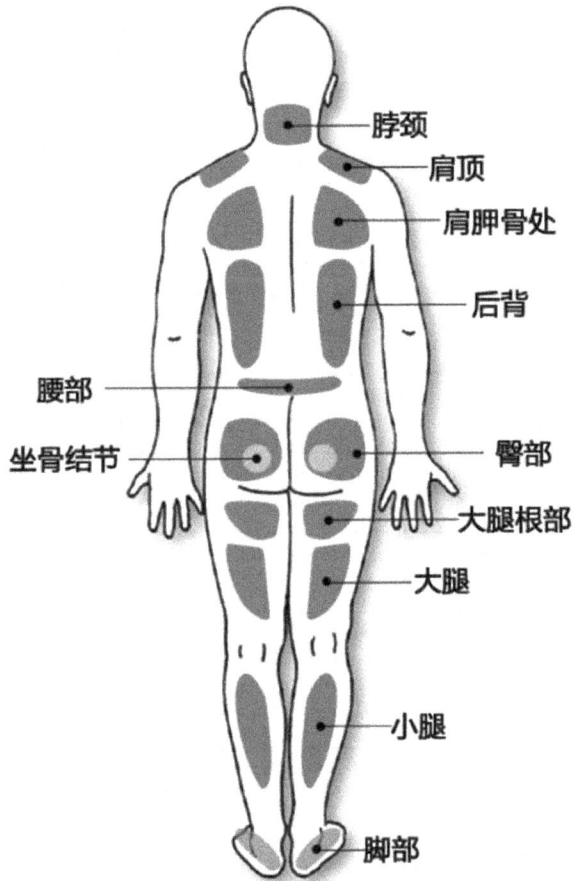

图 5 – 39　人体部位示意图

（2）体压分布测量记录

测量之前对体压感测片进行作用力校准，压力单位设置为 kPa，如图 5 – 40 所示。研究员告知被试以正坐、倾躺于靠背的姿势坐落于各个坐垫和靠背上，然后实验员记录每个被试、每个坐垫靠背 30s 的体压视频数据。实验三体压分布测量坐垫 S2、S4、S6、S7、S12，靠背 B1～B5 的数据，2 个小时内每隔 15 分钟记录一次 30s 的体压视频数据。

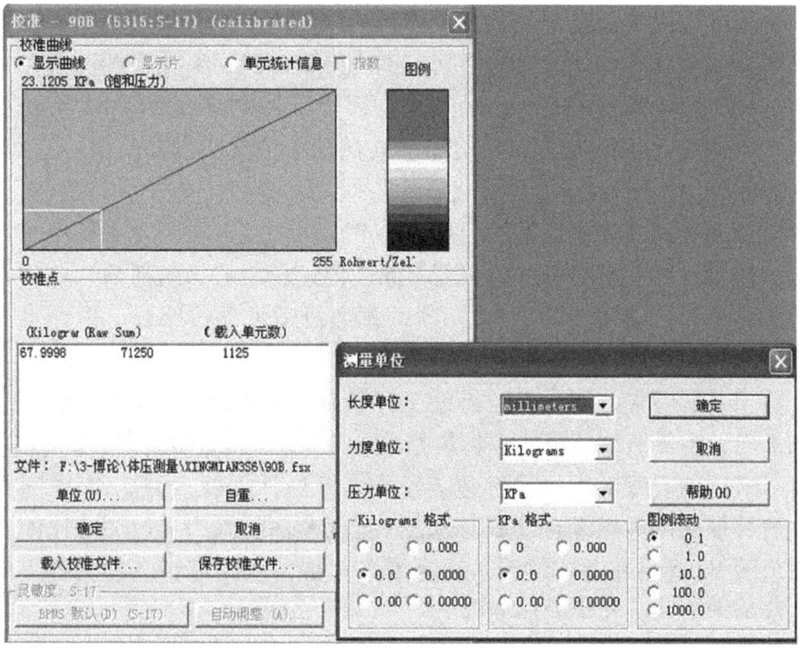

图 5 - 40　作用力校准

5.3.5　数据分析及结论

5.3.5.1　座椅曲面形态的静态舒适度分析

（1）靠背曲面形态主观评价分析

录入整理 97 名被试的评分数据，统计分析得出被试身体各个部位的舒适度评分均值。表 5 - 24 为靠背人体各部位舒适度评分的均值，括号内为标准差。由图 5 - 41 可看出整体舒适评价从高到低依次是 B2、B4、B5、B1、B3，平坦的靠背 B1 整体舒适度以及人体部位的舒适评价都较差，因此在设计靠背时不建议平坦型设计；靠背纵断面与人体背部纵向曲线较为贴合的靠背 B5 不一定是最舒适的。

靠背头部无侧枕的 B1 评价最差，其他带有侧枕的靠背头部舒适度较好；其中 B2 为头枕横断面内侧为与人头颈部贴合的圆弧形，并且侧枕凸出较少，头颈部有自如的活动空间，舒适度评价较高；B3 与 B4 比较，两个头枕横断面内侧都是平坦面，但 B3 的内侧较窄评价相对较差，说明被试期望头颈部具有自如的活动空间；B4 与 B5 对比，头枕横断面内侧宽度一致，B5 比 B4 侧枕向前凸出的较长，评价过程中被试反映 B5 头枕遮挡视线，B4 的评价相对较高，因此说明被试期望侧枕头向前凸出不宜过长，建议 60mm。

对颈部舒适度评价最差的为平坦的 B1，其次是 B3，B3 头枕区域的纵断面虽然对颈部有所支撑，但受到横断面内侧较窄、头颈部活动空间不充足的影响，评价较差。B2、B4、B5 的颈部舒适度评价略好，但评价舒适的程度在同一个水平上。

肩顶、肩胛骨、后背部位舒适度评价最差的为 B3，从该部位的曲面形态上看，内侧宽度较窄。评价最好的 B2 横断面具有略微向内凹的曲度，而且对人体的肩背部无过多的包裹贴合，舒适性良好。B4、B5 横断面对人体肩背部两侧虽然没有过多的包裹，但横断面前缘为平坦型对比前缘为圆弧形的 B2 评价略差。说明被试喜爱肩背部两侧无过多包裹贴合，横断面前缘为向内凹圆弧形的曲面形态。

腰部无支撑的 B1 评价最差，其次是 B5，从纵断面上看，B5 虽然对腰部有支撑，但是向背部肩部的曲线过缓，被试对腰部的支撑感觉不明显；对比 B2、B3、B4 腰部的评价，舒适程度从高到低依次为 B4、B3、B2，说明腰部凸出高度越高舒适度评价越高，但不能确定凸出高度值为多少时是最佳值或临界值。

表 5–24　靠背人体各部位舒适度评分均值

靠背	头部	颈部	肩顶	肩胛骨	后背	腰部	整体舒适度
B1	3.38 (1.40)	3.02 (1.40)	4.00 (1.12)	4.32 (1.10)	4.22 (1.31)	3.43 (1.28)	3.63 (1.10)
B2	4.56 (1.57)	3.86 (1.46)	4.71 (0.96)	4.82 (1.12)	4.86 (1.23)	4.23 (1.19)	4.75 (1.06)
B3	4.11 (1.40)	3.57 (1.36)	3.24 (1.59)	3.42 (1.66)	4.06 (1.19)	4.45 (1.15)	3.61 (1.35)
B4	4.49 (1.37)	3.99 (1.32)	4.13 (1.17)	4.60 (0.99)	4.60 (1.18)	4.82 (1.18)	4.59 (1.14)
B5	4.13 (1.48)	3.98 (1.39)	4.30 (1.02)	4.41 (1.05)	4.52 (1.23)	3.91 (1.12)	4.11 (1.04)

注：括号内为标准差 SD。

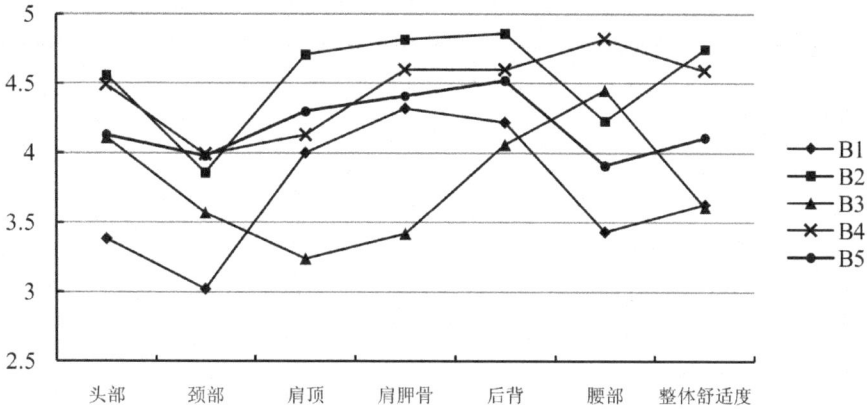

图 5 - 41　靠背舒适度评分均值折线图

（2）靠背体压分布指标分析

由压力分布分析系统 BMPS Research 得出最大压力 P_{max}、平均压力 P_{av} 以及接触面积 A，计算得出静态座椅压力分布 SPD% 值，如表 5 - 25 所示，对各个靠背 SPD% 和舒适度评分进行相关性分析，P = 0.911 > 0.05，说明靠背 SPD% 的大小与整体舒适度无线性关系，因此靠背的舒适度不能用 SPD% 指标来描述。对被试体重和最大压力 P_{max} 进行单因素方法分析，F（5，24）= 2.209，P = 0.087 > 0.05，说明体重与 P_{max} 无关；对体重和平均压力 P_{av} 单因素方差分析，F（5，24）= 4.12，P = 0.008 < 0.05，说明体重与 P_{av} 有关，一般情况下体重越大，平均压力越大；对体重和接触面积 A 进行单因素方差分析，F（5，24）= 4.163，P = 0.007 < 0.05，说明体重与接触面积 A 关系显著。总而言之 P_{max}、P_{av}、A、SPD% 体压分布指标与靠背的舒适度评价无关，不能表征靠背的舒适的情况；平均压力 P_{av} 和接触面积 A 与乘坐者的体重有关，体重越大 P_{av} 和 A 就越大。

表 5-25　不同形面靠背的体压数据

靠背	被试	体重 W/kg	最大压力 P_{max}/kPa	平均压力 P_{av}/kPa	接触面积 A/cm^2	SPD%	整体舒 适评分
B1	P1	85	5.6	2.3	333	8.5	2
	P2	80	6.3	2.2	436	11	5
	P3	65	7.5	2.9	379	9	4
	P4	62	10.1	2.3	471	9.4	3
	P5	56	12.4	2	246	21.9	4
	P6	49	4.8	1.3	395	8.3	3
B2	P1	85	13	2.1	480	16.2	3
	P2	80	8.2	2.2	609	11.2	6
	P3	65	8.7	2	596	15	6
	P4	62	11.1	2	708	13.7	6
	P5	56	13	1.8	320	20.7	5
	P6	49	5.3	1.1	612	13.6	5
B3	P1	85	7.3	1.8	730	14.5	2
	P2	80	7.6	1.7	669	15.5	7
	P3	65	15.1	2	561	23.8	5
	P4	62	7.3	1.4	731	16.2	2
	P5	56	7.7	1.4	396	26.1	3
	P6	49	8.1	1.4	548	17.4	3
B4	P1	85	6	1.8	715	11.2	6
	P2	80	9.2	1.8	763	13.2	5
	P3	65	14.9	2.8	510	14.5	4
	P4	62	9.3	2.2	789	18.4	6
	P5	56	8.8	2.4	321	13.8	5
	P6	49	7.3	1.5	522	16.6	2

（续表）

靠背	被试	体重 W/kg	最大压力 P_{max}/kPa	平均压力 P_{av}/kPa	接触面积 A/cm²	SPD%	整体舒适评分
	P1	85	6.6	2	487	14.3	3
	P2	80	8.7	2	526	15.2	3
	P3	65	6.9	1.7	535	11	5
B5	P4	62	10.7	2.4	519	12.6	3
	P5	56	11.6	2.5	391	14.5	5
	P6	49	8.3	1.3	550	20.3	3

图 5 - 42 为已校准压力图，从蓝色到红色代表压力从低到高，本实验红色区域压力为 15.7 kPa 及以上，从压力分布热图中可直观地看出压力值的分布情况。表 5 - 26 为各个靠背的压力分布图，从表上看，整体舒适度评价评价较好的 B2 和 B4 肩部、后背和腰部具有良好的支撑；评价较差的平坦曲面形态的 B1 只对背部有支撑，腰部和肩部没有支撑，表现为头部和腰部具有不舒适感；另外整体舒适度评价较差的 B3 对后背两侧有支撑，被试对这种支撑表现为拥挤感。

综合上述的主观舒适度评价，利用压力分布热图观察法可初步判断形面的舒适度，即对肩部、后背以及腰部都具有压力分布、支撑良好的靠背舒适度评价较高，后背两侧出现压力，则表明人体该部位有拥挤感；静态体压分布指标 SPD% 不能表征靠背的舒适度问题，平均压力 P_{av} 和接触面积 A 与乘坐者的体重有关；靠背的曲面形态设计应避免平坦的曲面设计；头部两侧建议使用侧枕，并保证头部两边自如的左右活动空间，建议头枕横断面内侧为与头部贴合圆弧形，另外侧枕向前凸出长度建议为 60mm，不宜过长；后背横断面前缘建议设计为向内凹的圆弧形，深度为 50mm 为佳，肩背部两侧无过多的包裹贴合；靠背纵断面的腰部位置应对人体有良好的支撑，纵断面上腰部向背部的曲面不宜过缓，这样乘坐者对腰部的支撑感觉不明显。

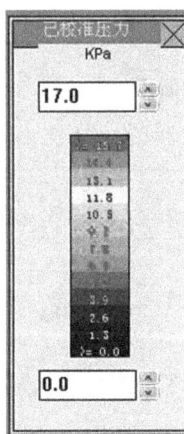

图 5 - 42　校准压力

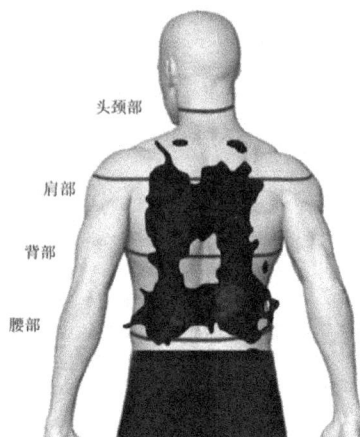

图 5 - 43 靠背人体压力分布区域示意图

表 5 - 26　不同形面靠背的体压分布热图

被试	B1	B2	B3	B4	B5
P1					
P2					
P3					
P4					

（续表）

被试	B1	B2	B3	B4	B5
P5					
P6					

（3）坐垫曲面形态主观评价分析

表 5 - 27 为被试对 12 个坐垫人体各部位舒适度评分均值列表，括号内为标准差。由图 5 - 44 整体舒适度评分均值直方图可直观地看出，坐垫 S7 的评价最高，S9、S10 评价最差。其他评价由高到低依次为 S4、S12、S3、S2、S6、S8、S5、S11、S1。

表 5 - 27　坐垫人体各部位舒适度评分均值

坐垫	臀部	坐骨结节	大腿根部	大腿	小腿	脚部	整体舒适度
S1	4.79 (0.80)	4.82 (0.76)	4.72 (0.91)	4.30 (1.09)	4.31 (1.08)	4.42 (0.97)	4.30 (1.04)
S2	4.80 (0.92)	4.80 (0.87)	4.74 (0.98)	4.32 (1.10)	4.33 (0.99)	4.56 (1.02)	4.63 (0.96)
S3	4.78 (0.95)	4.78 (0.87)	4.78 (0.94)	4.56 (1.11)	4.44 (1.02)	4.49 (0.99)	4.63 (0.95)
S4	5.01 (1.04)	5.00 (1.00)	5.16 (0.85)	4.79 (0.97)	4.63 (0.97)	4.64 (0.87)	4.89 (0.83)
S5	4.82 (0.98)	4.80 (0.98)	4.61 (0.96)	4.28 (1.31)	4.13 (1.14)	4.16 (1.27)	4.40 (1.13)
S6	4.74 (1.00)	4.71 (0.89)	4.54 (1.18)	4.42 (1.33)	4.20 (1.14)	4.28 (0.96)	4.58 (1.06)

（续表）

坐垫	臀部	坐骨结节	大腿根部	大腿	小腿	脚部	整体舒适度
S7	5.18 (0.98)	5.00 (1.03)	5.16 (1.02)	5.00 (1.08)	4.65 (1.04)	4.59 (1.03)	5.09 (1.11)
S8	4.65 (0.90)	4.54 (0.90)	4.53 (0.97)	4.49 (1.06)	4.22 (0.97)	4.29 (0.96)	4.44 (0.85)
S9	4.42 (1.14)	4.57 (1.11)	4.45 (1.16)	3.89 (1.15)	4.24 (1.03)	4.37 (0.95)	4.13 (1.06)
S10	4.62 (1.08)	4.66 (1.05)	4.58 (1.06)	3.80 (1.32)	4.31 (0.92)	4.25 (1.01)	4.11 (1.03)
S11	4.55 (1.12)	4.47 (1.12)	4.55 (1.22)	4.36 (1.28)	4.25 (1.12)	4.29 (1.15)	4.39 (1.18)
S12	5.02 (0.93)	5.01 (0.98)	4.79 (1.07)	4.44 (1.23)	4.78 (0.94)	4.73 (0.92)	4.77 (1.00)

注：括号内为标准差 SD。

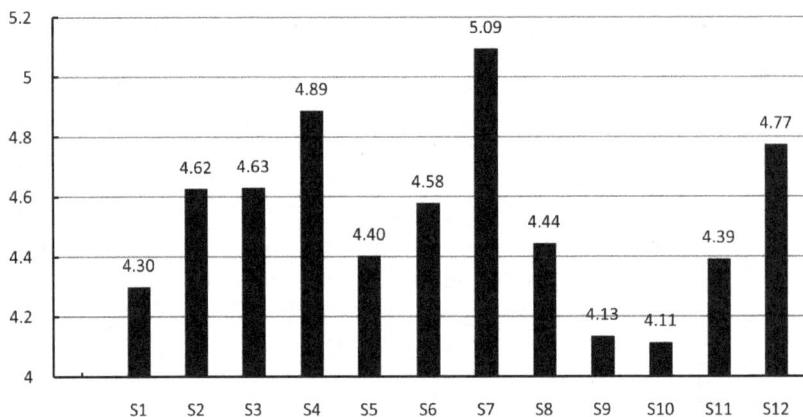

图 5-44　坐垫整体舒适度评分均值直方图

对比 12 个坐垫，臀部、坐骨结节评价较好的依次为与臀部大腿根部贴合较好的 S7 以及有横向凹凸肌理的 S12，其次是前缘平滑上翘的 S4，说明被试喜好与臀腿部贴合支撑较好、有凹凸肌理感的坐垫形面；评价较差的为 S8、S9、S10 和 S11，因此臀部下凹、臀部两侧包围的坐垫形面舒适度较差，臀部下凹的形面被试有下陷感、臀部两侧包围有拥挤感；其他臀部平坦形面的坐垫被试评价还可以，能够接受。

大腿根部对应的是坐垫的前缘处，评价较好的为臀腿部贴合较好、有良好支撑的坐垫 S7、S4；S12 坐垫前缘大腿根部的 90°转角过渡较突然，大腿部根部有隔着的压迫感，该坐垫形面大腿根部的评价还可以；评价较差的 S8、S11 同样坐垫前缘的转角为 90°；坐垫 S9、S10 的前缘上翘较为凸出，被试乘坐时有明显的顶迫感。对比臀腿部两侧向上凸起的 S5 和 S6，S5 的评价略高于 S6，说明被试不喜欢两侧凸出太高、包围过多的坐垫形面。

大腿部位的评价较为平均，说明大腿舒适度与曲面形态的关系不大。小腿和脚步评价较好的坐垫为 S12、S7、S4。总体对比图 5–45，S1–S3 各个部位舒适度的评价水平基本一致，处于中等还可以的水平，由此说明坐垫前缘无论是大倒角、内凹圆弧还是外凸圆弧的形态，对被试舒适度感觉的影响都不大。

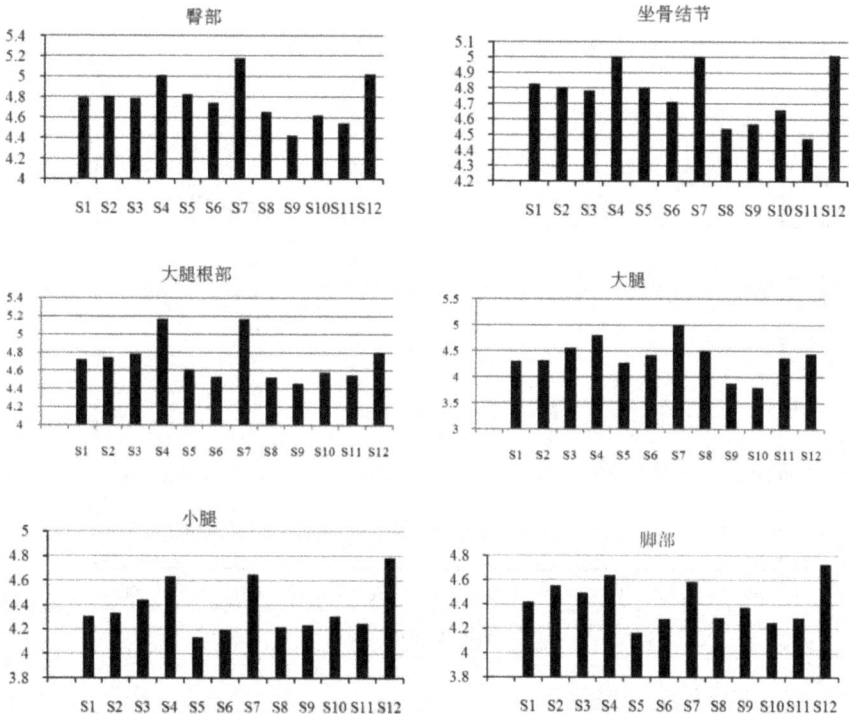

图 5–45　不同形面坐垫人体各部位评分的直方图

（4）坐垫体压分布指标分析

由压力分布分析系统 BMPS Research 得出最大压力 P_{max}、平均压力 P_{av} 以及接触面积 A，根据坐垫测量得到的各个点的压力值计算得出静态座椅压力分布 SPD% 值以及圆型压力梯度 G_C 值，结果如图 5 – 46、图 5 – 47 和表 5 – 28 所示。对被试体重和最大压力 P_{max} 进行单因素方法分析，F（5，66）= 17. 51，$P = 0$，说明体重与坐垫的 P_{max} 具有显著关系，但不是线性关系，从表 5 – 28 中可以看出，中等体重（56 – 64kg）比胖大、瘦小体重的 P_{max} 值大，这与胖大身材特征有关，即臀部肌肉松软、受力面积较大，致使其最大压力值变小；对体重和平均压力 P_{av} 单因素方差分析，F（5，66）= 45. 31，$P = 0$，说明体重与 P_{av} 有关，并且呈线性关系。一般情况下体重越大，平均压力越大；对体重和接触面积 A 进行单因素方差分析，F（5，66）= 50. 57，$P = 0$，说明体重与接触面积 A 关系显著，并且呈线性关系。一般情况下体重越大，接触面积越大。

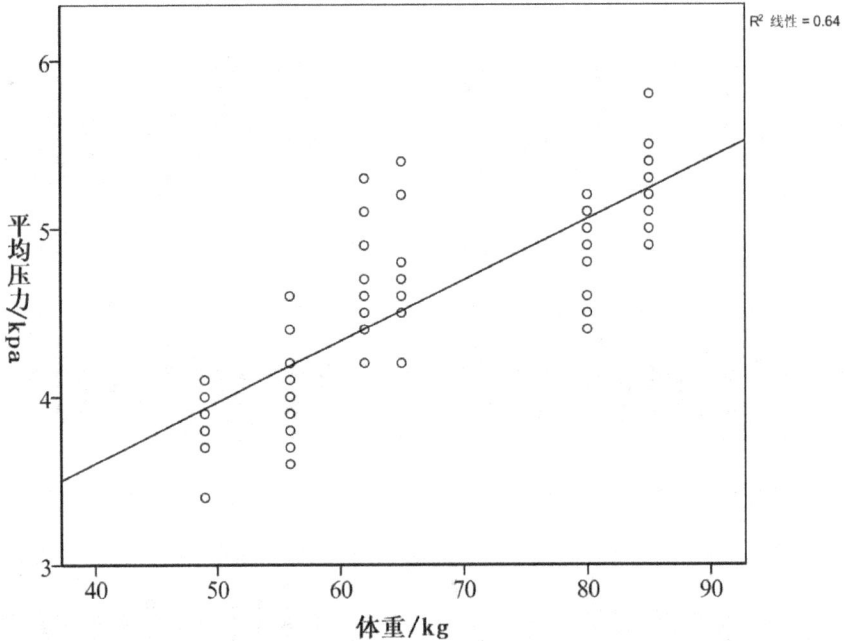

图 5 – 46　体重与平均压力关系散点图

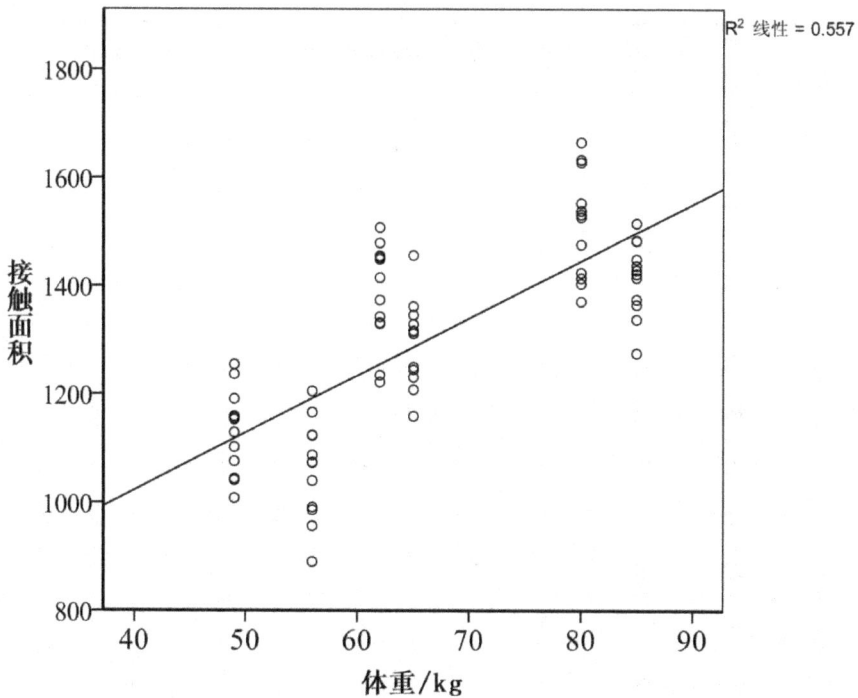

图 5 - 47　体重与接触面积关系散点图

表 5 - 28　不同形面坐垫的体压数据

坐垫	被试	体重 W/kg	最大压力 P_{max}/kPa	平均压力 P_{av}/kPa	接触面积 A/cm²	SPD%	G_C kPa/cm	总体舒适度	坐骨结节舒适度
	P1	85	16	4.9	1338	9.8	12.6	5	5
	P2	80	12.5	5.1	1414	5.26	10.83	5	6
	P3	65	24.5	5.2	1208	12.11	24.16	5	5
S1	P4	62	23.3	4.9	1235	10.59	21.99	4	5
	P5	56	23.1	4.4	1123	12.5	26.63	5	5
	P6	49	17.1	3.8	1041	9.85	22.67	3	4

（续表）

坐垫	被试	体重 W/kg	最大压力 P_{max}/kPa	平均压力 P_{av}/kPa	接触面积 A/cm^2	SPD%	G_C kPa/cm	总体舒适度	坐骨结节舒适度
S2	P1	85	14.3	5.3	1449	8.7	13.26	5	5
	P2	80	11.8	5	1424	5.58	11.94	6	6
	P3	65	19.9	5.2	1245	11.42	20.24	5	5
	P4	62	19	4.7	1332	10.75	23.4	5	5
	P5	56	23.9	4.6	1040	11.22	37.62	5	5
	P6	49	14.6	4.1	1044	7	16.19	4	5
S3	P1	85	17.5	5.8	1484	7.4	14.58	5	5
	P2	80	12.5	5.1	1404	5.64	12.97	7	6
	P3	65	22.1	5.2	1231	11.36	19.26	4	5
	P4	62	23.3	5.1	1330	9.53	30.82	5	6
	P5	56	27.9	4.1	1087	12.3	25.78	5	5
	P6	49	13	4	1008	6.2	22.9	4	4
S4	P1	85	18.3	5.4	1516	10.2	9.48	5	5
	P2	80	13.4	5.2	1527	5.29	8.43	5	6
	P3	65	28.6	4.7	1316	11.42	20.55	4	5
	P4	62	22.3	4.5	1374	9.3	30.23	5	6
	P5	56	20.4	3.9	1124	13.35	32.22	6	5
	P6	49	19.7	3.7	1237	8.8	27.78	5	5
S5	P1	85	19.7	5.1	1483	12.9	13.9	4	4
	P2	80	17.1	5	1628	6.05	9.68	3	5
	P3	65	27.8	4.6	1317	19.83	29.45	6	6
	P4	62	28.6	4.4	1479	13	25.62	6	6
	P5	56	28.6	4.2	890	22.43	35.82	6	6
	P6	49	18	3.7	1129	10.87	25.18	5	5

（续表）

坐垫	被试	体重 W/kg	最大压力 P_{max}/kPa	平均压力 P_{av}/kPa	接触面积 A/cm^2	SPD%	G_C kPa/cm	总体舒适度	坐骨结节舒适度
S6	P1	85	19.6	5.5	1422	10.9	16.6	3	3
	P2	80	13.3	4.8	1633	5.15	8.76	3	4
	P3	65	18.7	4.5	1329	14.1	19.32	6	6
	P4	62	22.2	4.4	1452	12.76	29.2	4	6
	P5	56	16.5	4	986	14.61	22.56	6	6
	P6	49	17.3	3.8	1156	11.84	23.61	5	5
S7	P1	85	19.6	5	1429	11.6	7.22	5	5
	P2	80	12.2	4.5	1665	6.89	7.78	7	6
	P3	65	22.1	4.2	1362	16.45	19.04	7	7
	P4	62	24.6	4.2	1508	11.54	21.16	7	6
	P5	56	26.6	3.7	1073	14.86	20.21	6	6
	P6	49	17.1	3.7	1159	10.21	21.83	5	5
S8	P1	85	18.6	5.2	1365	10.4	20.1	4	5
	P2	80	14.3	4.5	1532	7.23	10.02	4	4
	P3	65	20.6	4.7	1250	14.99	24.37	6	7
	P4	62	21.4	4.5	1343	11.04	23.02	6	6
	P5	56	17.1	4	956	12.36	29.65	5	5
	P6	49	19.9	3.9	1102	9.12	26.44	5	5
S9	P1	85	17.9	5.2	1415	9.1	11.35	3	3
	P2	80	22.5	4.6	1553	7.92	8.83	5	5
	P3	65	22	4.5	1456	13.33	27.22	3	3
	P4	62	22.9	4.6	1449	13.78	29.38	2	4
	P5	56	28	3.6	1205	22.28	33.76	3	5
	P6	49	18.6	3.9	1255	9.96	27.57	3	5

坐垫	被试	体重 W/kg	最大压力 P_{max}/kPa	平均压力 P_{av}/kPa	接触面积 A/cm²	SPD%	G_C kPa/cm	总体舒适度	坐骨结节舒适度
S10	P1	85	15.6	5.4	1437	9.57	8.22	4	4
	P2	80	11.5	4.4	1539	7.1	7.99	6	5
	P3	65	22.6	4.7	1346	12.28	25.71	4	4
	P4	62	23.3	4.5	1455	10.37	27.48	2	5
	P5	56	23.3	3.9	1166	14.48	31.63	4	5
	P6	49	12.9	3.8	1191	4.73	15.65	2	5
S11	P1	85	23.1	5.4	1276	13.61	21.79	3	3
	P2	80	16.6	4.4	1476	10.91	11.58	5	5
	P3	65	23.2	4.8	1312	15.27	31.61	4	4
	P4	62	26.6	4.6	1415	13.37	33.06	6	6
	P5	56	20.6	3.9	991	17.39	27.02	6	5
	P6	49	14.6	3.7	1076	9.55	18.25	6	6
S12	P1	85	17.4	5.2	1375	11.2	19.64	4	4
	P2	80	18.5	4.9	1371	10.77	17.17	4	6
	P3	65	20.7	5.4	1159	13.57	22.67	5	6
	P4	62	21.5	5.3	1222	11.91	32.63	6	6
	P5	56	17.4	3.8	1074	11.55	20.62	5	5
	P6	49	15	3.4	1153	8.91	18.84	4	5

对 12 个坐垫的 SPD% 与整体舒适度评分简单相关性分析，$P=0.257>0.05$，在此 SPD% 与整体舒适度无关；对 12 个坐垫的 G_C 值与坐骨结节舒适度评分进行简单相关性分析，$P=0.186>0.05$，在此 G_C 与坐骨结节处的舒适度无关，这与 5.3.2.2 节预实验一的分析结果不同，预实验一中的实验方法是有针对性地对三种有变化规律坐垫形面的 SPD% 与舒适度进行比较，而且实验对象为一名一般身材的被试，分析变量控制比较单纯，且少量的坐垫被试容易对比出舒适度的好坏，评分较为可靠；而本实验坐垫形面种类较多，被试身材不一，变量相对复杂，而且从主观评价分析来看，如果坐垫某一处不舒适，会影响到被试对整体舒适度的评价，因此这

样笼统地对 SPD% 和 G_c 与舒适度评分进行相关分析并不合理。从 SPD% 和 G_c 的计算原理上来讲，两个指标是对人坐在坐垫上整体压力均匀分布以及坐骨结节处压力梯度变化强弱的参考值，是抛开主观因素的客观分析压力分布状况的参考值，适于做具有一定形面规律坐垫的对比研究。

表 5 - 29　SPD% 与整体舒适度评分简单相关分析

		SPD%	整体舒适度
	Pearson 相关性	1	0.135
SPD%	显著性（双侧）		0.257
	N	72	72

表 5 - 30　G_c 与整体舒适度评分简单相关分析

		G_c	坐骨舒适度
	Pearson 相关性	1	0.151
G_c	显著性（双侧）		0.205
	N	72	72

对比图 5 - 48 中三种不同身材对 12 个坐垫上的静态压力分布 SPD% 值，两侧包裹，有拥挤感形面（S5）的 SPD% 值最高，整体压力分布最不均匀；坐垫后面有包裹形面（S11）的 SPD% 相对较高；其次，与人体臀部较为贴合（S7、S8）、中间低两侧凸出（S9、S10）坐垫形面的 SPD% 相对较小，整体压力分布较为均匀；平坦型的坐垫形面（S1、S2、S3、S4）SPD% 最小，整体压力分布最均匀。

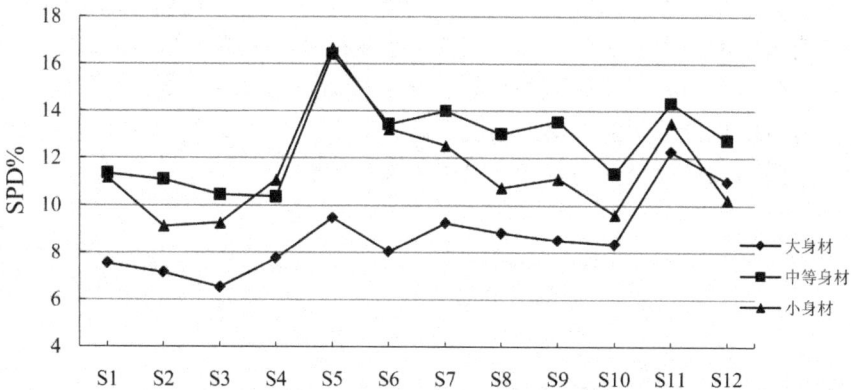

图 5 - 48　12 个坐垫形面的静态座椅压力分布 SPD%

对比图 5-49 中三种不同身材对 12 个坐垫上的圆形压力梯度 G_C 值并没有一致的规律性，大身材和中等身材对 S11、S12 的 G_C 较大；与臀部贴合较好的形面（S7）G_C 值较小，坐骨结节压力梯度变化较小，舒适度评价也极佳；平坦型坐面的 S1、S2、S3 的 G_C 值处于中等水平；中等身材与小身材对 S5 的 G_C 值比对 S6 的 G_C 值较大，表明坐垫两侧包裹凸出较高的形面比两侧包围凸出较小形面的坐骨结节处压力梯度变化要小。

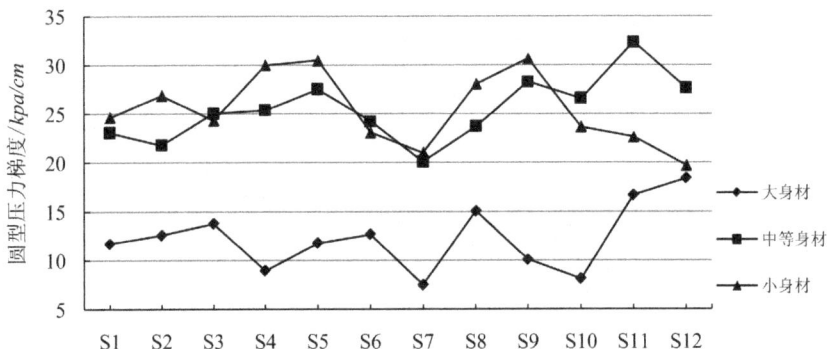

图 5-49　12 个坐垫形面的圆型压力梯度 G_C

不同身材的被试对 12 个坐垫的压力分布热图详见附录 7，从压力分布热图可以直观地看出坐垫的压力分布情况。对比前缘上翘的 S4 和 S10，如图 5-50 所示，S4 前缘的倒角圆滑，大腿根部的压力相对较小，而 S10 的前缘倒角较为尖锐，大腿根部的压力相对较大；从附录中的压力分布热图上看，对于坐垫为两侧包裹型的形面（S5-S11），大身材被试的大腿两侧具有较多的压力，从而产生挤压感，小身材被试大腿两侧的无过多的压力，例如图 5-51，三种身材被试对 S6 的压力分布热图所示，如果要满足坐垫具有防止腿部两侧滑落、摇摆的设计要求，而需要增加两侧包裹的护围，可适当地加大坐垫的宽度，以免带来挤压感。

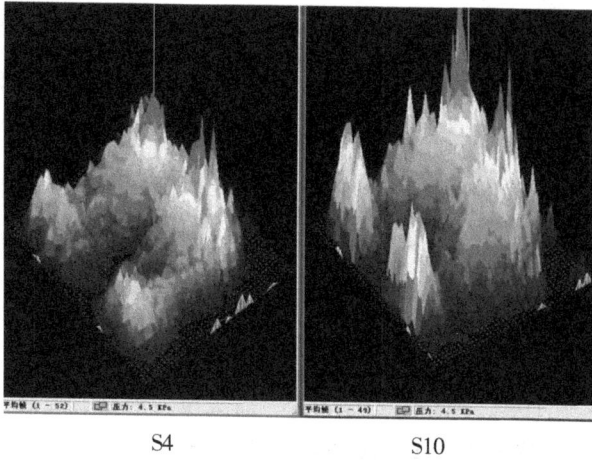

S4　　　　　　　　S10

图 5 – 50　P4 对 S4 和 S10 的压力分布三维轮廓图

大身材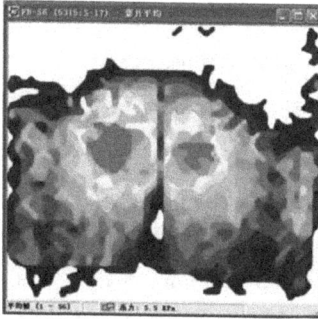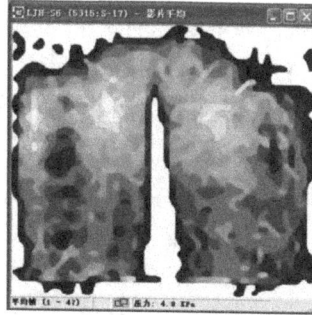

P1　　　　　　　　P2

中等身材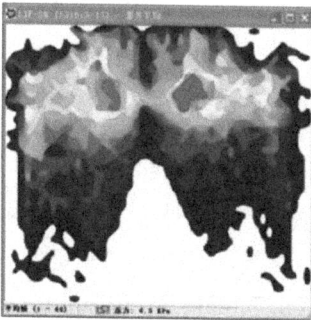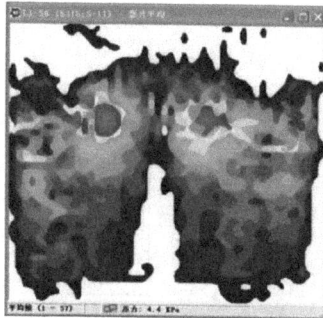

P3　　　　　　　　P4

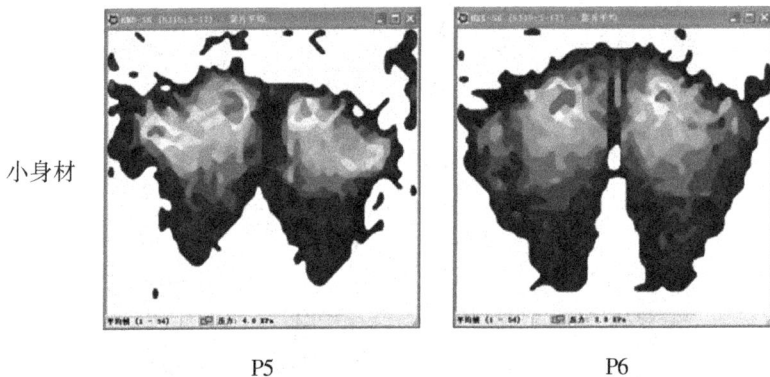

小身材

P5   P6

图 5 – 51　三种身材被试对 S6 的压力分布热图

5.3.5.2　头枕及腰靠位置及尺度优化设计分析

头枕及腰靠对人体颈部和腰部的支撑、提供舒适坐姿起着关键的作用，为得出被大众所接受或者满意的头枕及腰靠位置尺寸以及凸出高度，实验二作为实验一和座椅人机几何参数实验的补充，以更为全面完整地了解座椅几何参数及曲面形态的舒适性设计要求或原则，对整个样本数据进行描述统计得出三个不同凸出高度的头枕和腰靠舒适度评分均值，如图 5 – 52，可明显看出凸出高度为 50mm 的头枕和腰靠评价最高，可作为推荐值；70mm 的凸出高度评价较好，但超过 50mm 评价水平变低；评价最差的为凸出高度较小为 30mm 的头枕和腰靠，可作为头枕腰靠的凸出高度的极小临界值。

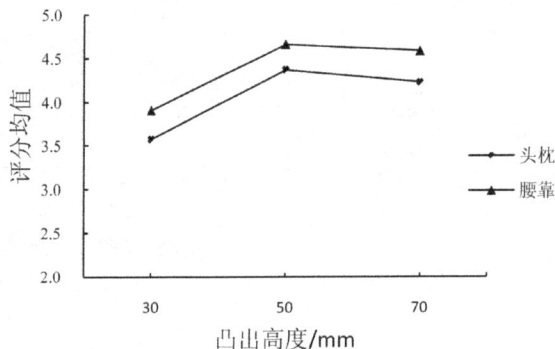

图 5 – 52　不同凸出高度头枕及腰靠的舒适度评价比较

表 5 - 31 为不同群体对三组头枕和腰靠满意的位置高度。位置高度是靠背倾角为 90°角时，头枕、腰靠中心点至腰靠底端的距离。从图 5 - 53 不同群体满意的头枕位置高度比较可以看出，凸出高度越大的头枕，位置高度也相应地变大，30mm 和 50mm 的头枕 1 和头枕 2 的位置高度大致在坐姿颈椎点的位置（680~690mm），实验过程中，大多被试将 70mm 的头枕放置在靠背的高处并不是为了充分地得到该头枕的支撑，而是不愿意枕得太高而选择枕在该头枕的底端边缘处，因此 70mm 的头枕凸出高度不推荐使用，可作为头枕凸出高度的极大临界值。另外，从图上看不同群体满意的位置高度没有规律性，例如小身材和大身材都比中等身材满意的位置高度高。大群体、小身材、中等身材及大身材群体对凸出高度评价最好的头枕 2 满意的位置高度为 689.4mm、696.9mm、686.3mm、689.2mm，头枕位置高度推荐值划为整数依次为 690mm、695mm、685mm、690mm。

表 5 - 31 不同群体的头枕及腰靠位置

名称	代码	大群体	小身材	中等身材	大身材
头枕 1	T1	681.9	692.1	677.5	681.9
头枕 2	T2	689.4	696.9	686.3	689.2
头枕 3	T3	700.5	704.8	697.5	702.9
腰靠 1	Y1	218.6	216.2	218.5	220.6
腰靠 2	Y2	214.7	211.2	214.7	217.5
腰靠 3	Y3	217.4	214.3	212.7	229.0

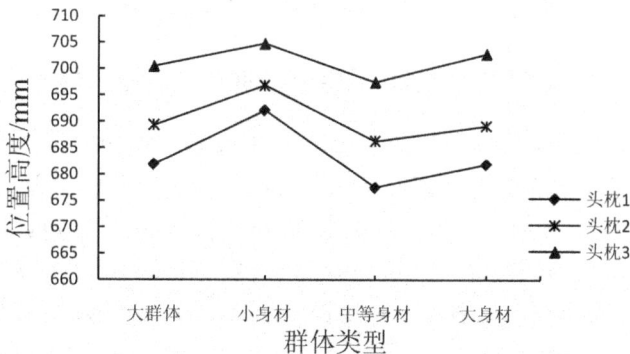

图 5 - 53 不同群体满意的头枕位置高度比较

图 5 - 54 为不同群体满意的腰靠位置高度比较。从图上看凸出高度较高的腰靠 3 没有规律性，小身材及中等身材的群体将其放置于相对较低的

位置（212mm – 214mm），大身材的群体则将其放置于较高的位置（229mm），事实上被试在选择放置70mm的腰靠3时，同样不是为了腰部得到该靠枕的支撑，凸出高度太高被试有顶迫感，小、中身材群体便将其放置的靠背底部，大身材的群体就将其放于较高处顶起后背而不是腰部，因此70mm的腰靠凸出高度不推荐使用，可作为极大临界值；对比腰靠1和腰靠2的位置高度，凸出高度稍低的腰靠1的位置高度较高；大群体、小身材、中等身材、大身材群体对凸出高度评价最好的腰靠2满意的位置高度依次为214.7mm、211.2mm、214.7mm、217.5mm，腰靠位置高度推荐值划为整数依次为215mm、210mm、215mm、218mm。

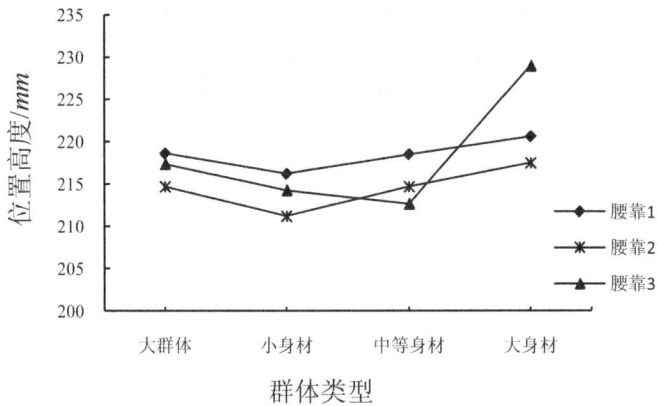

图 5 – 54　不同群体满意的腰靠位置高度比较

5.3.5.3　长期乘坐条件下的座椅曲面舒适度分析

本节实验研究是分析长期乘坐条件下（乘坐2个小时）被试对不同形面靠背和坐垫的舒适度评价以及体压分布指标变化的分析，实验过程中每隔15分钟进行一次舒适度评分并记录30秒的体压分布视频数据。靠背为以上5个不同形面的靠背，坐垫为从以上12个坐垫中抽出比较典型形面的5个坐垫，其中S2为较平坦的坐面，S4前缘凸起，S6为两侧包裹型，S7为臀腿部贴合型，S12的表面具有横向肌理。被试为第90百分位人体尺度的女性，身高163cm，体重62kg，年龄29岁，为降低外界环境的干扰并保证实验数据的可靠性，实验过程中为被试佩戴耳机播放平和的音乐。整理计算得出2个小时内被试对不同形面靠背和坐垫的舒适度评分、最大压力 P_{max}、平均压力 P_{av}、坐垫压力分布 SPD% 值。

表 5 – 32 为 2 小时内被试对不同形面靠背的舒适度评分及体压数据。对 2 个小时内的舒适度评分及 SPD% 绘制折线图如图 5 – 55 所示。

表 5 – 32　2 小时内不同形面靠背的舒适度评分及体压数据

靠背	时间/分	0	15	30	45	60	75	90	105	120
	评分	7	5	3	2	2	1	1	1	1
B1	P_{max}/kPa	6.3	6.5	6.1	6	8	8.3	8.6	9	7.4
	P_{av}/kPa	1.8	2	1.9	1.8	2	1.9	1.8	1.9	2
	SPD%	9.92	7.96	9.08	8.02	8	8.78	8.66	8.08	8.11
	评分	7	6	6	5	4	3	2	2	1
B2	P_{max}/kPa	5.4	6.3	8.4	7.3	8.7	8.7	8.4	8.9	8.9
	P_{av}/kPa	1.6	1.8	2.5	2.2	2.4	2.4	2.4	2.2	2.6
	SPD%	10.02	9.17	8.46	9.07	8.48	8.3	9.16	9.82	8.14
	评分	7	5	4	3	3	3	2	2	1
B3	P_{max}/kPa	4.5	5.3	4.6	4.9	4.8	5	5.1	5.6	5.5
	P_{av}/kPa	1.2	1.4	1.4	1.5	1.6	1.7	1.8	2	1.7
	SPD%	9.88	10.11	9.41	11.26	10.55	9.68	8.34	8.24	9.14
	评分	7	6	6	5	5	4	4	3	3
B4	P_{max}/kPa	6.5	5.4	6.3	6	7	7.6	5.7	7.9	6.2
	P_{av}/kPa	1.6	1.8	1.6	1.6	1.8	1.8	1.4	1.6	1.8
	SPD%	9.39	9.09	10.33	11.23	10.37	11.35	11.49	11.98	10
	评分	7	5	4	3	2	2	1	1	1
B5	P_{max}/kPa	4.4	5.2	5.7	6.3	4.3	5.6	5.2	5.1	5.5
	P_{av}/kPa	1.3	1.8	1.5	1.9	1.4	1.5	1.8	1.5	1.8
	SPD%	6.58	5.9	6.64	5.65	6.58	7.1	6.36	6.76	6.72

比较图 5 – 55，被试在两个小时的乘坐时间内，对靠背的舒适度评价呈下降趋势，其中 B4 靠背在 2 个小时内的舒适度评价较好，第 105 分钟时开始有不舒适感，被试在口述中表示，B4 的头靠两侧高度合适；B1、B3、B5 在第 30 分钟后开始有不舒适感；B2 在 1 个小时后开始有不舒适感。从图上看，5 个靠背上的 SPD% 值无明显规律的变化趋势，另外两个

小时内的 SPD% 变化与舒适度评分关系也不大，也就是说，在长时期乘坐时间内，靠背 SPD% 的变化对舒适度评价没有影响。对 SPD% 变化幅度大小用方差来计算，得出 2 个小时内 5 个靠背上 SPD% 数据的方差，即 SPD% 的变化幅度（图 5 – 56）。其中变化幅度较大的为靠背 B3、B4，其次为 B1、B2，变化最小的为 B5。

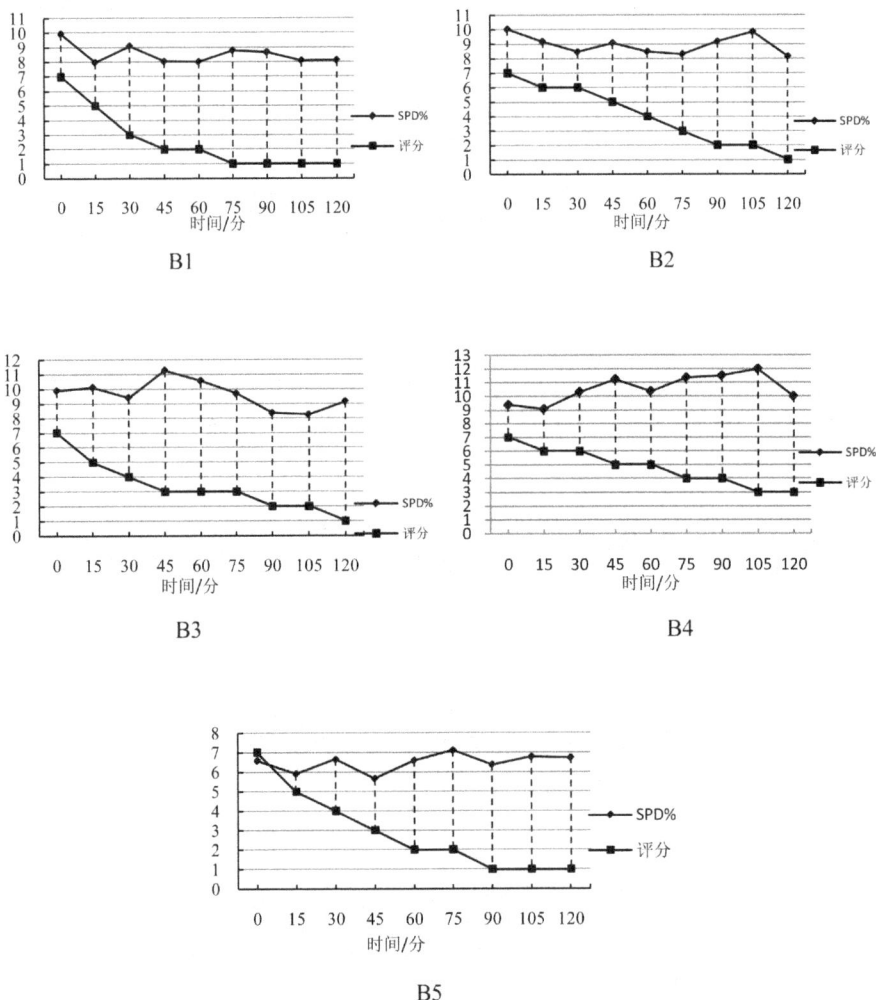

B1

B2

B3

B4

B5

图 5 – 55　2 小时内 5 个不同形面靠背的舒适度评分及 SPD% 变化

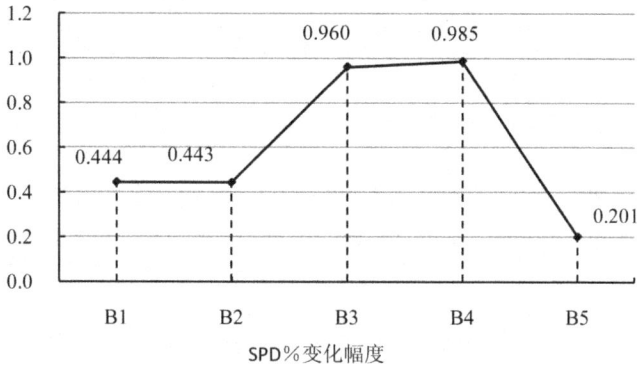

图 5-56 2 小时内 5 个靠背上 SPD% 的变化幅度

表 5-33 为被试 2 小时内对不同形面坐垫的舒适度评分及体压数据。对 2 个小时内的舒适度评分及 SPD% 绘制折线图如图 5-57 所示。

表 5-33 2 小时内不同形面坐垫的舒适度评分及体压数据

坐垫	时间/分	0	15	30	45	60	75	90	105	120
S2	评分	7	5	4	2	2	2	1	1	1
	P_{max}/kPa	10.2	11.9	11.9	11.9	12.2	12.1	11.5	12.8	14
	P_{av}/kPa	4.6	4.5	4.7	4.2	4.3	4.1	4	4.3	4.3
	SPD%	11.05	11.17	10.85	11.03	10.99	10.44	11.18	10.68	11.63
S4	评分	7	5	4	4	4	4	3	2	1
	P_{max}/kPa	16	15.3	20.3	18.5	20.5	19.5	22	21.3	19.9
	P_{av}/kPa	3.6	3.5	3.5	3.5	3.7	3.7	3.5	3.7	3.6
	SPD%	12.96	14.79	16.9	16.7	16.17	16.14	18.8	17	15.8
S6	评分	7	5	4	3	3	2	2	2	1
	P_{max}/kPa	14	19.2	18.3	20.5	19.4	18.5	16.9	20.3	19
	P_{av}/kPa	3.3	3.8	3.8	3.7	3.7	3.8	3.8	3.6	3.6
	SPD%	13.45	13.28	13.26	12.55	12.97	13.27	13.32	13.22	14.16

（续表）

坐垫	时间/分	0	15	30	45	60	75	90	105	120
S7	评分	7	7	6	6	5	5	5	4	4
	P_{max}/kPa	14.9	15.8	14.9	13.6	13.7	13	13.9	13.4	14.1
	P_{av}/kPa	3.1	3.4	3.5	3.2	3.5	3.5	3.4	3.6	3.7
	SPD%	12.03	12.48	12.86	13.31	13.09	13.24	13.38	13.4	13.54
S12	评分	7	6	5	5	4	4	3	3	2
	P_{max}/kPa	12.1	10.5	12.8	13.2	15.8	20.6	17.7	17.6	18.2
	P_{av}/kPa	3.8	3.6	3.7	3.9	3.7	3.9	4.1	4	4.1
	SPD%	11.22	11.46	12.11	12.29	12.66	13.37	12.27	11.98	12.24

比较图5-57，被试在2小时的乘坐时间内，对坐垫的舒适度评价呈下降趋势，坐垫S7在2小时内的整体评价较好，时至2小时舒适度评分从7分降至4分，无明显的不舒适感；其次评价较好的为S12，在第75分钟后开始有不舒适感，相对滞后；坐面平坦的S1、前缘凸起的S4和两侧包裹的S6在半个小时后开始有不舒适感，不舒适感比较靠前。从图上看，2小时内5个坐垫的SPD%呈上升趋势，计算2小时内5个坐垫上SPD%值的方差，得出2小时内5个坐垫上SPD%的变化幅度（图5-58），坐垫S2、S6、S7、S12上的SPD%变化幅度较小相对平稳，S4的SPD%变化幅度较大。

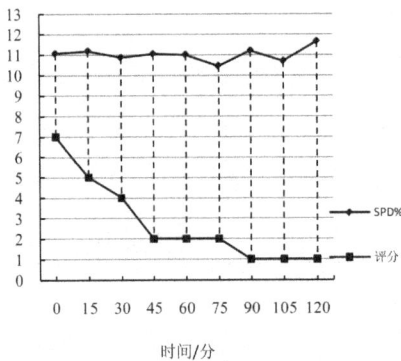

S2

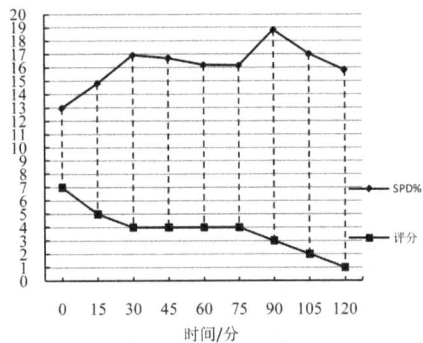

S4

S6

S7

S12

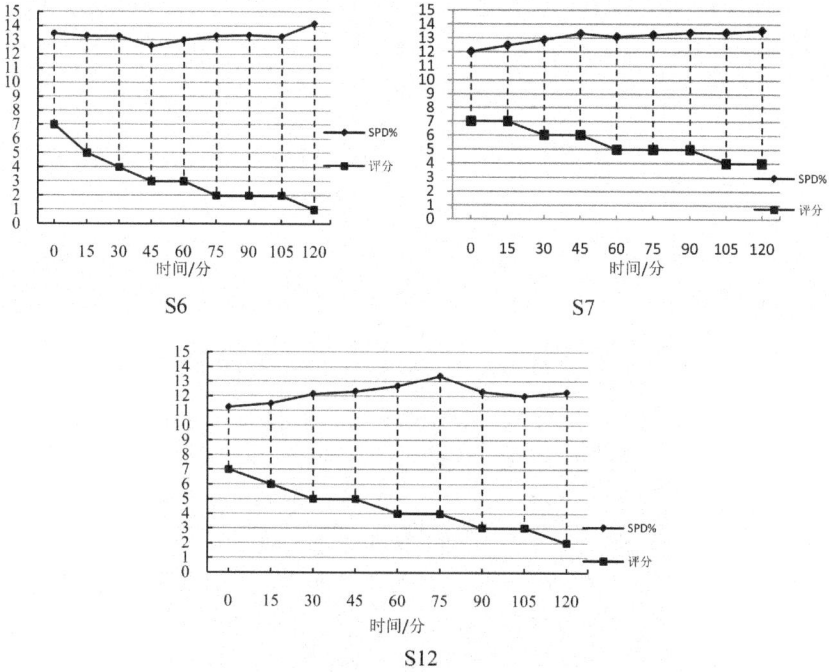

图 5-57　2 小时内 5 个不同形面坐垫的舒适度评分及 SPD% 变化

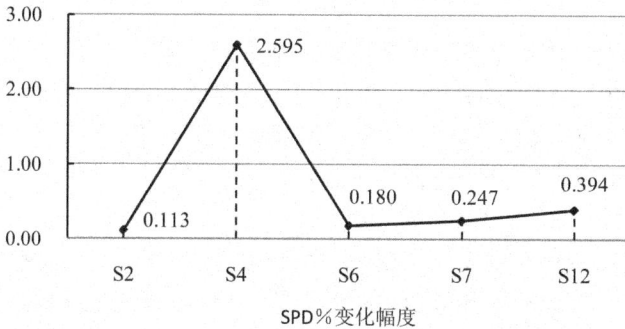

SPD% 变化幅度

图 5-58　2 小时内 5 个坐垫上 SPD% 的变化幅度

综上所述，长期乘坐条件下，靠背和坐垫的形面影响乘客乘坐的舒适度，靠背 B4 的形面相对舒适，被试的不舒适感相对滞后；与臀、腿部贴合的坐垫 S7 乘坐 2 小时内整体舒适度评价良好，时至 2 小时，被试无不舒适感。在长时间乘坐条件下，不同形面的靠背的静态压力分布 SPD% 值无规律的变化趋势，坐垫的 SPD% 呈下降趋势，但不能表征长时间乘坐条件下不同形面的舒适度情况，在今后的研究中可加入人体表面肌电生理指标的研究，以分析长时间乘坐条件下肌肉的疲劳程度，客观地反映乘坐舒适度情况。

5.4　本章小结

本章研究的主要内容为人机尺度关系优化设计和"人—椅"接触面的曲面形态舒适性研究。人机尺度关系的优化通过制作简易座椅空间和座椅模型，界定五组不同大小的座椅几何参数，被试试坐后进行舒适度量表评价的方法，最终统计分析得出适用于大群体和小群体（小型身材、中型身材和大型身材群体）的座椅人机几何参数，包括推荐值、最优值和极限值；"人—椅"接触面的曲面形态舒适研究则通过体压分布分析和舒适度量表评价相结合的研究方法，得出静态条件下不同形面座椅靠背坐垫的体压分布和舒适度评价特征、头枕和腰靠的优化尺度关系以及长期乘坐条件下不同形面座椅靠背坐垫的体压分布和舒适度评价特征，最终给出座椅功能形态的优化设计建议。具体研究成果如下：

①重新定义了座椅的人机几何参数，解决国内文献中对座椅几何参数定义参差不齐的问题，也为本章座椅人机几何参数优化设计建议的研究打好基础。

②面向大群体、小型、中型以及大型身材群体的座椅参数推荐值（单位：mm）依次为座高：430、400、430、460；座深：450、400、450、500；座宽：480、450、480、510；靠背高：780、730、780、780；靠背宽：510、480、510、510；靠背倾角：20°、20°、20°、15°；座间距皆为900；容膝距：300、250、300、300。

对座宽和靠背宽的设计要在满足车厢过道宽的尺寸及座椅布局设计要求的基础上，选择在推荐范围内的最大值，但不得小于极小临界值（座宽410mm，靠背宽400mm）。靠背高不可超过880mm，推荐在730mm ~ 830mm范围内的使用。各个群体对靠背倾角和座间距的评价参数越大满意度越高，至推荐值往后满意度开始降低，座间距过大时，在车厢环境内人们会有"不安全感"，靠背倾角过大则会引起不舒适感。容膝距不得小于极小临界值100mm。

③对"人—椅"界面的体压分布指标及其表征进行了综述，包括基本指标：最大压力、平均压力、最大压力梯度、平均压力梯度、不对称系数、纵向压力分布曲线、纵向力矩分布曲线及侧倾稳定性系数；静态体压分布指标：座椅压力分布 SPD%、圆形压力梯度 G_c 以及线型压力梯度 G^T；

动态体压分布指标：动态座椅压力分布 DSPD%、压力变化率 Pcrms 以及区域压力变化率 aPcrms。

并通过实验研究不同曲面造型和不同硬度坐垫的体压分布特征。在被试和座椅参数不变的情况下，不同曲面造型坐垫的体压分布指标 P_{max}、G_C、G^T 以及 SPD% 值具有明显差异，G_C、G^T 以及 SPD% 与舒适度呈线性关系，G_C 与 G^T 越小，坐骨结节处的舒适度越高，SPD% 越小整体舒适度评价越高。平均压力 P_{av} 与坐垫形状无关；体压指标最大压力 P_{max} 以及 SPD% 可以明显的表征坐垫材料的软硬度，较硬的坐垫，P_{max} 以及 SPD% 值较大。

④静态条件下不同曲面形态的靠背体压分布特征及舒适度评价结果表明：静态体压分布指标 SPD% 不能表征靠背的舒适度情况，平均压力 P_v 和接触面积 A 与乘坐者的体重有关；靠背的曲面形态设计应避免平坦的形面设计；头部两侧建议使用侧枕，并保证头部两边自如的左右活动空间，建议头枕横断面内侧为与头部贴合的圆弧形，另外侧枕向前凸出长度不宜过长，建议为 60mm；后背横断面前缘建议设计为向内凹的圆弧形，深度 50mm 为佳，肩背部两侧无过多的包裹，避免有拥挤感；靠背纵断面的腰部位置应对人体腰部有良好的支撑，纵断面上腰部向背部的曲面不宜过缓，这样乘坐者对腰部的支撑感觉不明显。

⑤静态条件下不同曲面形态的坐垫体压分布特征及舒适度评价结果表明：

A．不同形面坐垫的主观评价结果显示，坐垫形面与人体臀部及大腿部贴合较好的形面舒适性最佳，其次是具有横向凹凸肌理的形面；坐垫前缘倒角应避免尖锐凸起的设计，否则大臀部根部有顶迫感；大腿两侧向上凸起不宜过高，否则被试有拥挤感。

B．体压分布实验结果表明，体重与平均压力 P_{av} 和接触面积 A 具有线性关系，一般情况下体重越大，平均压力和接触面积就越大。

C．平坦型的坐垫形面 SPD% 最小，形面与人体臀部及大腿部贴合较好和横断面中间凹两侧凸起的坐垫 SPD% 相对较小，压力整体分布较为均匀，与臀部贴合较好的形面 G_C 值较小，坐骨结节压力梯度变化较小，舒适度评价也极佳；平坦型坐面的 G_C 值处于中等水平。

D．采用压力分布热图观察法，可直观地看出大腿两侧是否具有面积较大、压力值较大的压力分布，从而推断人体大腿部位的挤压感。如果要满足坐垫具有防止腿部两侧滑落、摇摆的设计要求，需要增加两侧包裹的护围，可适当加大坐垫的宽度，以免带来挤压感。

⑥头枕及腰靠对人体颈部和腰部的支撑、提供舒适坐姿起着关键作用。头枕腰靠的凸出高度推荐值为 50mm，较小极限值为 30mm，极大极

限值为 70mm；头枕凸出高度为 50mm 时，位置高度建议为 690mm；腰靠凸出高度为 50mm 时，位置高度建议为 215mm。

⑦长期乘坐条件下，靠背和坐垫的形面影响乘客乘坐的舒适度。靠背 B4 的形面相对舒适，被试的不舒适感相对滞后；与臀、腿部贴合的坐垫 S7 乘坐 2 小时内整体舒适度评价良好，时至 2 小时，被试无明显的不舒适感；在长时间乘坐条件下，不同形面靠背的静态压力分布 SPD% 值无规律的变化趋势，坐垫的 SPD% 呈下降趋势，但不能表征长时间乘坐条件下不同形面的舒适度情况，在今后的研究中可加入人体表面肌电生理指标的研究，以分析长时间乘坐条件下，肌肉的疲劳程度来客观地反应乘坐舒适度情况。

第6章　材料选型

　　轨道车辆、汽车、航空等各种交通工具内部采用的各种纺织材料，从应用种类、选型规格、材料表面处理等方面，研究最为系统、应用最为广泛的要属汽车的内饰纺织材料。从上世纪50年代起，汽车内装饰材料从起初使用的是乙烯基（PVC）聚合物逐渐发展到纺织材料以及皮革材料在内饰中占据重要的地位。

　　随着高速列车科学技术的快速发展，新车型不断推出，车辆行业对内饰纺织品的要求更高。设计师在满足基本使用需求的基础上，还需通过研究来优化座椅蒙面材料以及内部填充材料的以保证座椅的舒适性、功能性和审美性。高速列车内部占据大量的物理空间及视觉面积的要属座椅的蒙面材料，材料的选型设计直接影响到整车内饰的品质、舒适性以及美观性。

　　本章节从座椅的蒙面材料以及内部填充材料两方面来研究材料选型的舒适性。从功能上来讲，要求座椅材料能够抗皱、耐磨、色彩尺寸稳定不易变形变色等。从安全环保的角度，则要求座椅材料具备良好的阻燃性；最大限度减少残留的有毒有害物质；易于回收，减少对环境造成负担，推广环保材料等。从舒适度角度，一般情况下蒙面材料的选型要求表面质感肌理符合人的触觉舒适要求，内部填充材料则应具备良好的散热性和排湿性、硬度适当。

　　以下研究是从舒适性角度，分别对座椅蒙面材料肌理的触觉舒适感，以及坐垫内部填充材料的软硬度以及结构设计的合理性来分析优化座椅材料选型。

6.1　表面肌理与触觉心理映射关系

6.1.1　表面肌理

　　辞海中，肌理解释为：指人的肌肤组织。在现代设计中，肌理则泛指各种天然材料自身的纹理、结构形态以及人工材料经人为组织设计而形成的一种表面材质效果，即材料表面的组织构造。材料表面具有特定的肌理特征，不同的肌理会对心理反应产生不同的影响，有的肌理粗犷、坚硬、刚强、厚重，有的肌理轻盈、细软、柔和。

肌理分为视觉肌理和触觉肌理[113]。视觉肌理是指眼睛能够看到，不必触摸而感知到的肌理特性，事实上视觉肌理是一种视觉图案。而触觉肌理则是通过人体皮肤触摸感知道的表面肌理特征。

触感，是物体表面的物理性能通过与皮肤的接触所引起的生理及心理的综合反映，包含粗糙度、软硬、冷热、轻重、刺痒感以及其他的感觉量。材料的触觉质感与材料表面组织构造的表现方式有关，材料表面的质地和肌理是产生不同触觉质感的主要因素。一般情况下质地粗糙的材料给人以朴实、厚重、粗劣、冷酷等心理感受；质地细腻的材料给人以温和、高档、精致、温暖的感觉[114]。

表面肌理相当于是材料的"皮肤"表层，优质的产品材料表面肌理，通过皮肤的触摸感受，传递给人以心理上的舒适与满足，所以材料的质感和纹理直接影响产品的质感品质，了解掌握各种座椅蒙面材料所特有的肌理以及不同肌理给人的触觉感受，有助于设计师根据设计要求合理选择材料。

6.1.2　不同纺织面料的触觉心理特征

（1）棉类及仿棉类面料的触觉特征

棉织物的手感主要与棉纤维的截面呈腰圆、中央有胞腔、纤维纵向有天然的扭曲等有关。在染织加工中，棉纤维的截面膨润变圆，具有优良的吸湿性能和手感舒适等优点。

细平布：触感平滑，质地致密而有光泽（图6-1）。

巴厘纱：具有薄而透明的外观，触感似麻（图6-2）。

卡其布：质地紧密呈斜纹组织，触感厚实，布面光滑而挺实（图6-3）。

牛津纺：质地稍厚，触感柔软平滑（图6-4）。

灯芯绒：绒条丰满，质地厚实，触感柔软，有温暖感（图6-5）。

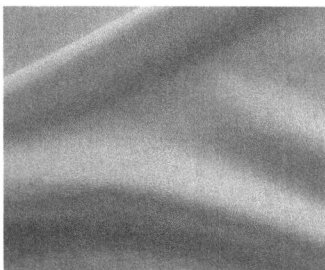 

图 6 - 1 细平布　　　　　　图 6 - 2 巴厘纱

图 6 - 3　卡其布　　　图 6 - 4　牛津纺　　　图 6 - 5　灯芯绒

（2）麻类及仿麻类面料的触觉特征

麻织物，有亚麻与苎麻之别。麻纤维的截面呈多角形，纤维硬而粗细不匀。由于织物具有清爽与清凉的触感，纱线粗细不匀的外观也是其特征之一，未经处理则有刺痒感（图 6 - 6、图 6 - 7）。

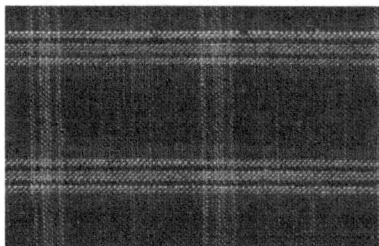 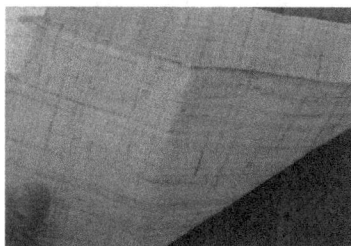

图 6 - 6　亚麻布　　　　　　图 6 - 7　苎麻布

（3）毛类及仿毛类面料的触觉特征

毛织物以温暖、蓬松和具有弹性的触感为其代表性特征。这是基于羊毛纤维的卷曲所赋予的弹力感及纤维间空隙的空气使之接触时产生温暖所致。在毛织物中又有精纺和粗纺两种不同的手感。精纺毛织物质地轻薄，且组织致密、表面平滑。其典型品种是哔叽具有柔软而光滑的触感，斜纹棱线清晰。粗纺毛织物质地厚重并且容易起毛，纹理组织稍疏松。其典型品种有法兰绒（图6-8，触感柔暖、表面起毛），麦尔登呢（图6-9，触感平滑柔软、外观似毛毡），粗花呢（图6-10，不起毛、触感松软）。

| 图6-8　法兰绒 | 图6-9　麦尔登呢 | 图6-10　粗花呢 |

搜集整理得到8种不同质感的座椅蒙面材料，并通过访谈分析，将各种面料的肌理特征以及触觉心理特征进行归纳，如表6-1所示。

表6-1　不同座椅蒙面材料的肌理特征及触觉心理特征[115-117]

纺织材料	肌理特征	触觉心理特征
棉	细纹微凸	柔和、细软、舒适、自然、温和
麻	粗纹较凸出	硬挺、舒爽、古朴、粗糙
丝、绸缎	纹路极微	细腻、柔和、轻盈、纤细、高档、典雅
精纺毛织物	毛面细纹微凸	温和光滑、富有弹性、庄重、沉稳
呢面毛织物	毛面粗纹微凸	紧密结实、挺拔、严谨、工整
绒面毛织物	毛面凸出	蓬松厚实、细腻柔软、温暖奢华
皮革	可粗糙可细腻	高档奢华、舒适、柔软、商务、稳重
化学纤维	可粗糙可细腻	结实、耐磨、纯朴

对于高速列车座椅蒙面的选择按照设计要求，可根据表中的触觉心理特征选择相对应的面料。例如，体现高档商务特征的VIP座椅可选择皮革类面料、稳重干练的座椅蒙面材料可选择呢面毛织物类的面料、经济结实的二等座椅可选择化学纤维类的面料。

6.2　不同硬度坐垫的舒适度特征

柔软、富有弹性的沙发坐垫是否能够持续长时间的给人以舒服、安逸的感受？何种硬度的坐垫是短期及长期乘坐会持续感觉舒适的？大批量生产制造的列车座椅坐垫的硬度指标是多少才能平衡大多数乘客群体的舒适性诉求？这是本节所要探讨的问题，通过研究不同软硬度坐垫在短期及长期乘坐条件下的乘坐舒适度及各项体压指标特征，分析材料软硬度对乘坐舒适度的影响关系，并提出高速列车坐垫材料硬度指标推荐值。

硬度是材料局部抵抗硬物压入其表面的能力。固体对外界物体入侵的局部抵抗能力，是比较各种材料软硬的指标。硬度可分相对硬度和绝对硬度。绝对硬度一般在科学界使用，生产实践中很少用到。由于规定了不同的硬度测试方法，所以有不同的硬度标准。主要有邵氏（也称肖氏）、洛氏、布氏三种。高速列车坐垫填充材料普遍使用的聚氨酯泡沫材料，企业对于聚氨酯泡沫材料的硬度一般采用 C 型邵氏硬度计（图 6 - 11）来测量。邵氏硬度是指用邵氏硬度计测出的值的读数，它的单位是"度"，用邵氏硬度计插入被测材料，表盘上的指针通过弹簧与一个刺针相连，用针刺入被测物表面，表盘上所显示的数值即为硬度值。

图 6 - 11　C 型邵氏硬度计

6.2.1 实验方法

收集四种不同硬度的聚氨酯泡沫坐垫，从软到硬的坐垫硬度依次为 35 度、40 度、45 度、50 度。坐垫代码及硬度如表 6 - 2 所示。实验共有两项内容，第一项内容是主观评价，通过征集大量被试乘坐体验四种硬度的坐垫，短期乘坐时间后对四个坐垫从舒适到不舒适的进行排序，最舒适的为 4 分，最不舒适的为 1 分。该项实验被试同 5.2.2 节中的实验被试，共 97 名。第二项内容是体压测量，实验被试为第 90 百分位人体数据的男性，测得短期乘坐时间内的体压分布指标，包括最大压力 P_m、平均压力

P_v、接触面积 A、静态座椅压力分布 SPD% 以及坐骨结节处的压力变化梯度 G^c 值。另外测量被试两小时内长期乘坐的压力指标，以分析不同硬度坐垫乘坐的舒适度感受的变化以及体压分布指标的特征。

表 6-2　不同硬度坐垫代码及硬度值

坐垫代码	硬度
Y1	35
Y2	40
Y3	45
Y4	50

6.2.2　主观评价分析

97 名实验被试分别乘坐四个不同硬度的坐垫，根据自己的舒适感受，一一对比四个坐垫的舒适程度，并对其进行舒适度打分，依次从 4 分至 1 分。实验员根据被试的陈述进行评分纪录。整理数据分析得到各个坐垫的评分均值及众数，如图 6-12 所示。舒适度评价最好的为 45 度的 Y3，其次是 40 度的 Y2，Y2 与 Y3 评分的均值相差不大，只有 0.1，说明 40 度和 45 度的坐垫硬度较为舒适，推荐使用 45 度硬度的泡沫材料，较软的坐垫 Y1 舒适度最差，说明大部分乘客对柔软富有弹性的列车坐垫硬度并不满意，评价较差的为较硬的坐垫 Y4。因此，对于列车座椅坐垫填充材料的硬度，应选择硬度适中的材料，不宜过软也不宜过硬。

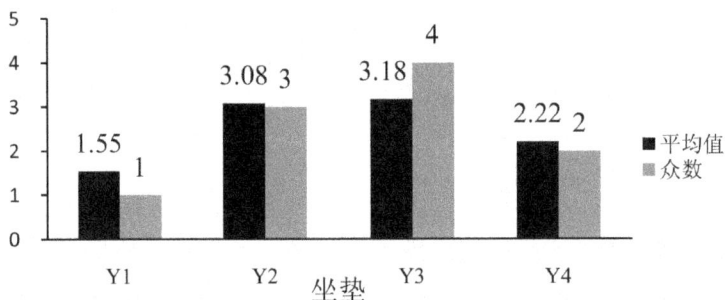

图 6-12　不同硬度坐垫的舒适度评分均值及众数

6.2.3　不同硬度坐垫的体压分布分析

1. 短期乘坐不同硬度坐垫的体压分布指标分析

短期乘坐体压测量是被试调整好坐姿后，对四个不同硬度坐垫分别记录 30 秒的体压分布视频。被试为第 90 百分位人体尺度的男性，身高 174cm，体重 65kg，年龄 28 岁。测量纪录之前对体压感测片进行作用力校准，压力单位设置为千帕。记录得到体压数据视频后对其进行影片平均和固定区域平均处理，由压力分布分析系统 BMPS Research 得出最大压力 P_{max}、平均压力 P_{av} 以及接触面积 A，根据坐垫上各个压力点的值计算得出静态座椅压力分布 SPD% 值以及坐骨结节处的圆型压力梯度 G_C。结果如表 6 - 3 所示，从表中可以看出，硬度越硬，最大压力越大，平均压力和接触面积与硬度无关。由图 6 - 13 可看出，坐垫硬度与 SPD% 和 G_C 呈递增趋势，坐垫硬度越硬则整体压力分布越不平均，坐骨结节出的压力梯度变化越大，软垫的整体分布较为平均、坐骨结节压力梯度变化也较小，但是主观评价分值并不理想。因此，坐垫硬度的舒适性难以用确切的压力分布指标给出舒适度的临界值或阈值，在后续的研究中可征集大量人体第 90、95 百分位尺寸的被试，给出较为客观的数据，并以该尺寸的人体作为标准，给出 SPD% 或 G_C 的舒适度阈值。

表 6 - 3　四种硬度坐垫的体压分布指标

坐垫	硬度	最大压力 P_{max}/kPa	平均压力 P_{av}/kPa	接触面积 A/cm^2	SPD%	G_C kPa/cm
Y1	35	15.7	5.3	1248	10	5.65
Y2	40	16.2	4.7	1344	11.35	7.08
Y3	45	17.5	5.4	1022	12.13	8.16
Y4	50	21.6	5.6	1060	13.93	13.05

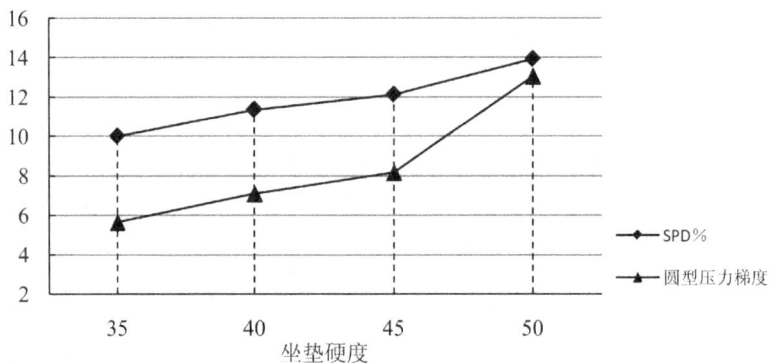

图 6 - 13　四种硬度坐垫的 SPD% 与圆型压力梯度 G_C

图 6 - 14 为被试对四种硬度坐垫的压力分布热图，硬度增大则压力峰值增大，也可以直观地看出四个坐垫的压力分布情况，较硬的坐垫 Y4 较大压力大面积的集中坐骨结节处，Y1、Y2 坐垫从坐骨结节的大压力到腿部小压力变化较为急促，Y3 坐垫的压力变化则较为平缓。

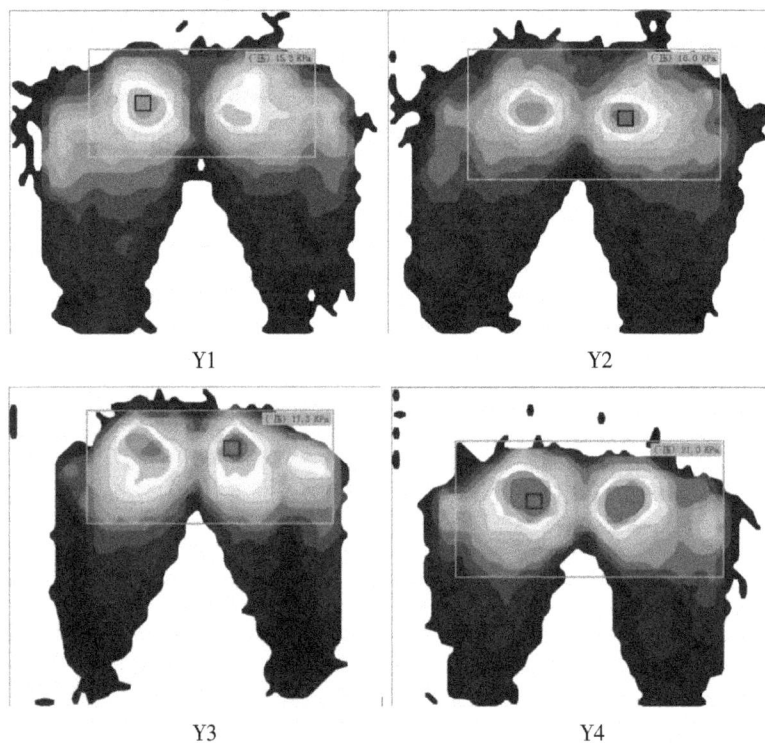

Y1

Y2

Y3

Y4

图 6 - 14　四种硬度坐垫的压力分布热图

2. 长期乘坐不同硬度坐垫的体压分布指标及舒适度变化分析

本实验研究是分析长期乘坐条件下（乘坐 2 个小时）被试对三种不同硬度坐垫（35 度、45 度、50 度）的舒适度评价以及体压分布指标变化的分析，实验过程中每隔 15 分钟进行一次舒适度评分并记录 30 秒的体压分布视频数据。被试为第 90 百分位人体尺度的女性，身高 163cm，体重 62kg，年龄 29 岁。为降低外界环境的干扰并保证实验数据的可靠性，实验过程中为被试佩戴耳机播放平和的音乐。整理计算得出 2 个小时内被试对三个不同硬度坐垫的舒适度评分、最大压力 P_{max}、平均压力 P_{av}、坐垫压力分布 SPD% 值，结果如表 6 - 4 所示。

表 6 - 4　2 小时内不同硬度坐垫的舒适度评分及体压数据

坐垫硬度	时间/分	0	15	30	45	60	75	90	105	120
35 度	评分	7	6	5	5	4	3	2	1	1
	P_{max}/kPa	11.7	11.1	12.4	12.3	11.4	12.1	13.9	11.9	11.4
	P_{av}/kPa	4	3.9	4.2	4.3	4	4	4	3.6	3.5
	SPD%	8.74	8.64	8.7	8.64	8.24	9	9.78	10.54	10.35
45 度	评分	7	7	6	6	5	5	4	3	3
	P_{max}/kPa	12.8	12.5	12.8	12.9	13	11.9	11.8	12.1	11.5
	P_{av}/kPa	4.6	4.5	4.7	4.6	4.7	4.7	4.6	4.7	4.6
	SPD%	9.52	9.48	9.4	9.26	9.13	9.03	9.51	9.37	9.12
50 度	评分	7	7	6	6	5	4	3	3	2
	P_{max}/kPa	14.6	13.3	14.9	14.7	14.9	14.8	14.5	15.9	15.9
	P_{av}/kPa	4.6	4.5	4.9	4.9	4.9	4.6	4.6	4.7	4.6
	SPD%	11.08	10.56	10.44	9.89	9.47	8.94	8.86	11.9	11.67

被试在乘坐 35 度硬度的坐垫，2 个小时内舒适度的评分变化从起初的 7 分降至 1 分，第 1 小时开始有不舒适感。再比较整个坐垫的 SPD% 变化，前 1 个小时的 SPD% 变化幅度很小，比较平稳，1 个小时后便开始变大，坐垫整体压力分布越来越不平均。如图 6 - 15 所示。

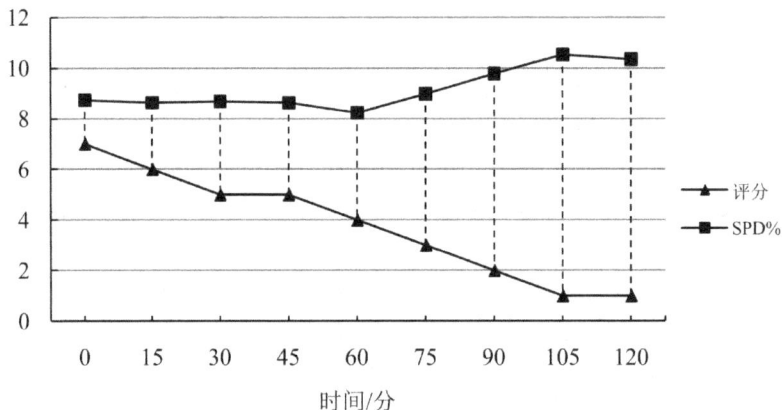

图 6 – 15　2 小时内 35 度硬度坐垫的舒适度评分及 SPD%

　　如图 6 – 16 所示，被试对 45 度硬度的坐垫，2 个小时内舒适度的评分变化从起初的 7 分降至 3 分，从第 90 分钟开始有不舒适感，比较 35 度硬度的坐垫，不舒适反应滞后了半个小时，并且整体评价比 35 度硬度的坐垫要舒适。2 个小时内整个坐垫的 SPD% 变化，前 75 分钟的 SPD% 呈下降趋势，坐垫压力分布趋于均匀，第 90 分钟 SPD% 一次大幅度增大后，又开始逐渐下降，可推断出第 90 分钟有不舒适感时，被试大幅度地调整了一次坐姿，以缓解不舒适感。

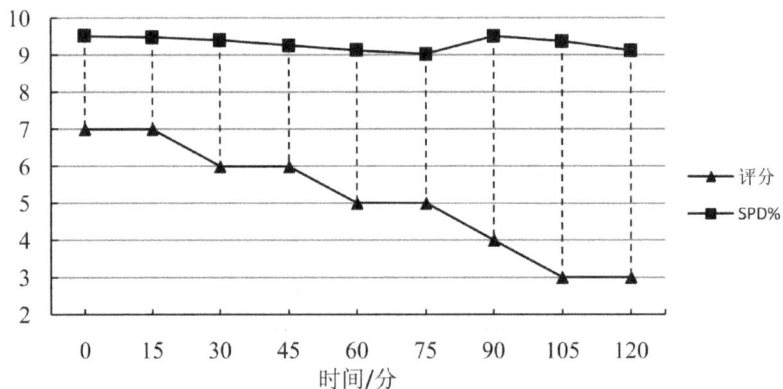

图 6 – 16　2 小时内 45 度硬度坐垫的舒适度评分及 SPD%

如图 6 - 17 所示，被试乘坐 50 度硬度的坐垫，2 个小时内舒适度的评分变化从起初的 7 分降至 2 分，从第 75 分钟开始有不舒适感，不舒适反应比 35 度硬度的坐垫滞后了 15 分钟，比 45 度硬度的坐垫提前了 15 分钟。2 个小时内整个坐垫的 SPD% 变化，前 90 分钟的 SPD% 呈下降趋势，坐垫整体压力分布趋于均匀，第 105 分钟 SPD% 一次大幅度增大后，又开始下降，被试有不舒适感时，便调整坐姿，以缓解不舒适感。也就是说被试在长期乘坐 45、50 度硬度的坐垫条件下，被试适应坐垫硬度 SPD% 呈下降趋势，有不舒适感时以调整坐姿来缓解，SPD% 便再次呈下降趋势。再回到被试对 35 度硬度坐垫的 SPD% 变化，60 ~ 105 分钟内 SPD% 一直处于上升趋势，被试在此时间段内一直处于变化坐姿的状态，说明较软的坐垫对被试 1 个小时后不舒适感的调节缓解能力差，硬度适中的 45 度坐垫对人的不舒适环境能力较好，其次是较硬的 50 度坐垫。

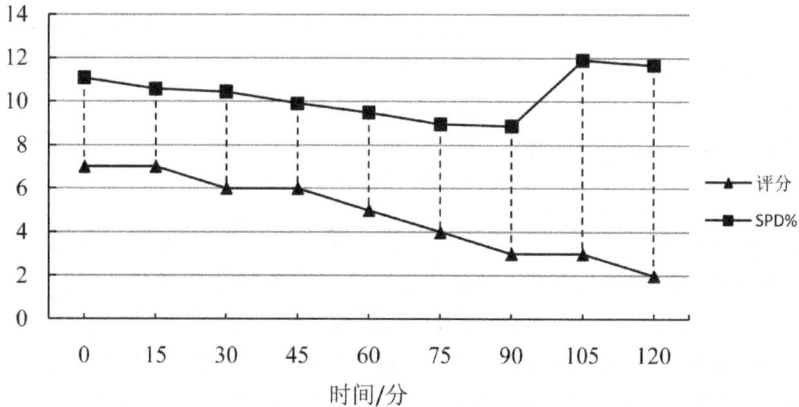

图 6 - 17 2 小时内 50 度硬度坐垫的舒适度评分及 SPD%

6.2.4 分析结论

无论是舒适度主观评价，还是短期、长期乘坐条件下，45 度硬度的坐垫都具有绝对的优势，其次是稍硬的 50 度坐垫，主观评价最差以及体压分布指标情况最差的为较软的 35 度硬度坐垫。因此，对高速列车座椅填充材料的硬度推荐 45 度硬度的软性材料。

短期乘坐条件下，硬度越大则坐垫整体压力分布越不平均，而且坐骨结节处的压力变化梯度也越大；偏硬的坐垫较大压力大面积的集中于坐骨结节处，偏软的坐垫从坐骨结节的大压力到腿部的小压力变化较为急促，

45 度适中硬度坐垫的压力变化则较为平缓。

长期乘坐条件下，被试对 45 度硬度坐垫不舒适感比 35 度硬度坐垫滞后半个小时，比 50 度硬度坐垫滞后 15 分钟。较软的坐垫对不舒适感的调节缓解能力差，硬度适中的 45 度坐垫对人的不舒适缓解能力较好。

6.3 不同结构特征的坐垫温湿度特征

研究表明，人落座于坐垫上的舒适温度为 18℃～23℃，舒适湿度为 40%～60%，代谢量为 1.0～2.0met[118]。座椅表面的温湿度对人体臀部、腿部乃至整体的舒适感具有影响作用，温湿度性能较差的坐垫，长时间乘坐会引起人体局部的不适感，从而造成疲劳，甚至导致湿疹等疾病的发生。因此，温湿度、透气性是衡量长期乘坐座椅舒适度的一个重要指标。本节对三种不同组织结构的泡沫坐垫进行对比研究，了解其长期乘坐条件下温湿度的变化情况。

6.3.1 实验方法

制作三种不同组织结构的泡沫坐垫，第一种为普通无孔泡沫坐垫，第二种为具有少量穿孔的坐垫，第三种为具有较多穿孔的坐垫，如图 6－18 所示，穿孔直径为 1cm。在室温为 20℃ 的条件下，测量三种坐垫 2 个小时以内的温湿度，被试体温正常，着装为贴身的春装，实验过程中为被试播放音乐，由实验员读取记录数据。

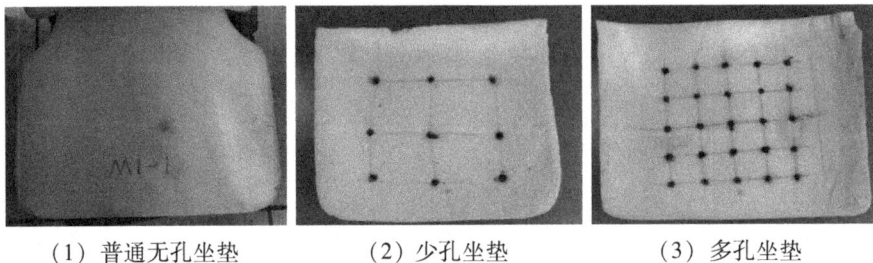

(1) 普通无孔坐垫　　　　(2) 少孔坐垫　　　　(3) 多孔坐垫

图 6－18　三种不同组织结构的泡沫坐垫模型

用五个温度计分别测量被试左右臀部、臀部中间位置以及左右大腿根部位置的温度，湿度计置于坐垫臀部中间位置进行测量。如图 6－19 所示。实验之前开启中央空调控制室温在 20℃。

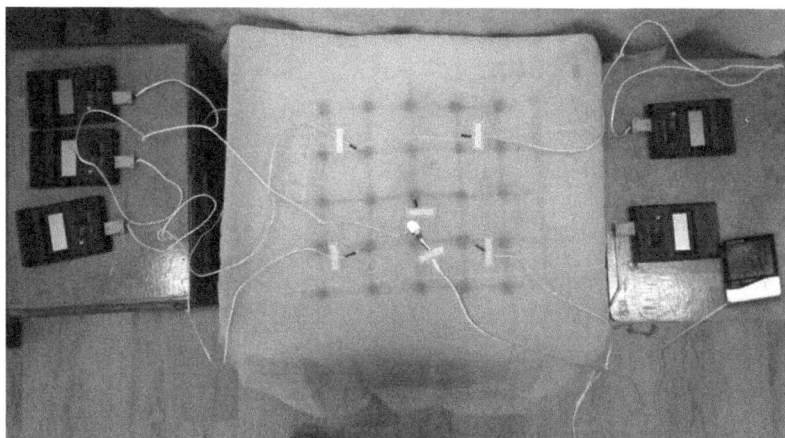

图 6 - 19　温湿度测量位置图

6.3.2　数据分析

对每个不同泡沫组织坐垫测量所得的五处温度值进行平均。图 6 - 20 为 2 个小时内三个不同组织结构泡沫坐垫的温度变化图。从图中可以看出，前 5 分钟内从刚落座时的 19℃迅速上升至 30.5℃左右，随后呈平缓上升趋势，从整体上看，三种坐垫表面温度从高到低依次为普通坐垫、少孔坐垫、多孔坐垫，时至 2 小时，普通坐垫的表面温度为 35.47℃，少孔泡沫坐垫的表面温度为 35.06℃，多孔泡沫坐垫的表面温度为 34.45℃。

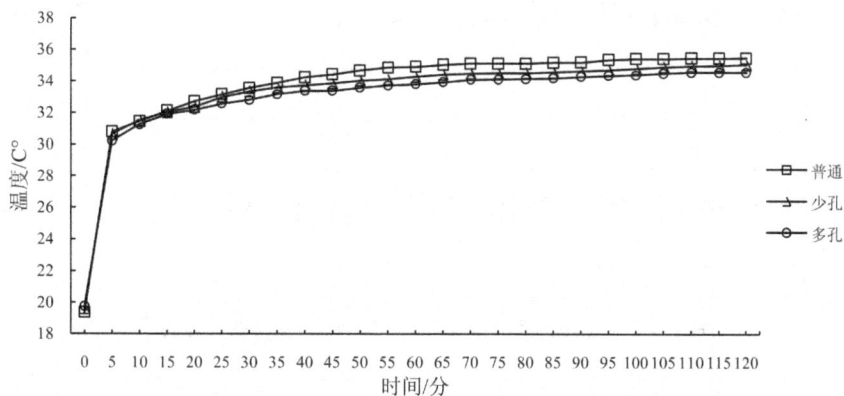

图 6 - 20　2 小时内三种不同组织结构泡沫坐垫的温度

空气的干湿程度叫做湿度，湿度是大气干燥程度的物理量。在一定的温度下、一定体积的空气里含有的水汽越少，则空气越干燥；水汽越多，则空气越潮湿。常用蒸汽压、绝对湿度、相对湿度、比湿、露点等来表示湿度。以下是计算相对湿度的公式：

$$\varphi: = \frac{\rho_\omega}{\rho_{\omega,max}} \times 100\% = \frac{e}{E} \times 100\% = \frac{s}{S} \times 100\% \qquad (6-1)$$

其中 ρ_ω 为绝对湿度，$\rho_{\omega,max}$ 为最高湿度，e 为蒸汽压，E 为饱和蒸汽压，s 为比湿，S 为最高比湿。湿度值越低则空气越干燥。

本实验是对坐垫表面上方空气相对湿度的观察分析，湿度计的触点置于坐垫上左右大腿根的中间。将统计数据绘制线图如图 6-21 所示，2 小时内，除了普通坐垫的湿度有所上升之外，少孔及多孔组织结构泡沫坐垫的湿度皆呈下降趋势。普通坐垫的湿度第 15 分钟从 54% 上升为 55% 后，2 小时内持续 55% 的湿度；少孔组织结构泡沫坐垫 2 小时内的湿度区间为 52% ~ 54%，0 ~ 30 分钟的湿度为 54%，40 ~ 80 分钟的湿度为 53%，85 ~ 120 分钟的湿度为 52%；多孔组织结构泡沫坐垫的湿度两小时内从 54% 下降至 51%，5 分钟时快速地从 54% 降至 53%，10 ~ 25 分钟的湿度为 53%，30 ~ 85 分钟的湿度为 52%，90 ~ 120 分钟的湿度为 51%。因此，普通无孔泡沫坐垫的湿度较高透气性较差，具有较多穿孔组织结构泡沫坐垫的透气性最好，其次是具有少量穿孔的泡沫坐垫。

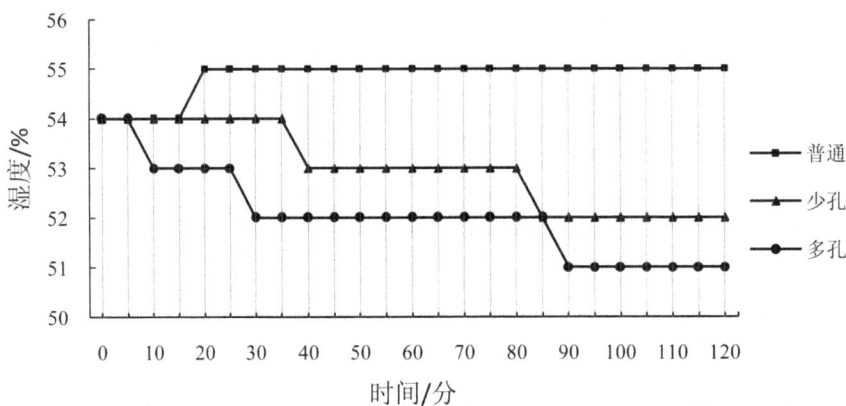

图 6-21 2 小时内三种不同组织结构泡沫坐垫的湿度

6.4 乘客座椅蒙面及内部材料舒适性选型原则

综上所述，45 度硬度的坐垫在短期、长期乘坐条件下都具有良好的舒适性，其次是稍硬的 50 度坐垫，主观评价最差以及体压分布指标情况最差的为较软的 35 度硬度坐垫。短期乘坐条件下，硬度越大的坐垫整体压力分布越不平均，而且坐骨结节处的压力变化梯度也越大；长期乘坐条件下，较软的坐垫对不舒适感的调节缓解能力差，硬度适中的 45 度坐垫对人的不舒适感的缓解能力较好。

长期乘坐条件下，坐垫表面温度从高到低依次为普通无孔、少孔、多孔组织结构的泡沫坐垫；普通无孔泡沫坐垫的湿度较高透气性较差，具有较多穿孔组织结构泡沫坐垫的透气性最好，其次是具有少量穿孔的泡沫坐垫。

从功能、安全环保、舒适性三方面总结出列车座椅蒙面材料以及内部填充材料的选型原则。功能上，要求座椅蒙面材料能够抗皱、耐磨、色彩尺寸稳定不易变形变色，内部填充材料尺度稳定性耐压不易变形；从安全角度，要求座椅材料具有良好的阻燃性，最大限度减少残留的有毒有害物质，座椅蒙面需满足 DIN5510 - 2：2009 - 05 中关于燃烧性、发烟性、滴液性、毒性的要求；从环保角度，尽量采用可回收再生的原材料、可循环利用的原材料以及环境可降解的原材料；减少对环境造成负担，推广环保材料等。从舒适度角度，座椅蒙面材料的选型要求表面质感肌理符合人的触觉舒适度以及总体设计要求，内部填充材料则应具备良好的透气性和排湿性、硬度适当，推荐使用 45 度硬度的坐垫，具有穿孔组织结构的软性填充材料。

6.5 本章小结

本章从座椅的蒙面材料以及内部填充材料两方面来研究材料选型的舒适性。具体如下：

①座椅蒙面材料的质感和肌理触感是座椅产品的质感品质表征之一，本章节对几种常用的座椅蒙面材料的肌理特征和相应的触觉心理特征进行了概述，供设计师对座椅蒙面面料的选择设计提供参考。

②另外从功能、安全环保、舒适性三方面总结出列车座椅蒙面材料以及内部填充材料的选型原则。

③通过体压分布测量和舒适度量表评价相结合的研究方法，对短期及长期乘坐条件下，不同硬度坐垫材料的体压分布特征和舒适度评价进行了分析。结果显示：45度硬度的坐垫无论在短期还是长期乘坐条件下都具有良好的舒适性，建议高速列车座椅填充材料的硬度为45度；其次是稍硬的50度坐垫；主观评价最差以及体压分布指标情况最差的为较软的35度硬度坐垫。

体压分布指标 SPD% 和 G_c 与坐垫硬度呈线性关系，硬度越大，SPD% 和 G_c 就越大；长期乘坐条件下，硬度适中的45度坐垫对人的不舒适感缓解能力较好，较软的坐垫对不舒适感的调节缓解能力差。

④长期乘坐条件下，坐垫表面温度从高到低依次为普通无孔、少孔、多孔组织结构的泡沫坐垫；三种组织结构坐垫的湿度都在人体舒适湿度的范围内，相比之下具有较多穿孔组织结构泡沫坐垫的透气性较好，普通无孔泡沫坐垫的湿度较高，透气性稍差。

参考文献

［1］张卫华，王伯铭．中国高速列车的创新发展［J］．机车电传动，2010，（1）：8-12.

［2］KUIJT-EVERS L F, KRAUSE F, VINK P. Aspects to improve cabin comfort of wheel loaders and excavators according to operators［J］. Applied Ergonomics, 2003, 34（3）：265-271.

［3］SHACKEL B, CHIDSEY K D, SHIPLEY, P. The assessment of chair comfort［J］. Ergonomics, 1969, 12（2）：269-306.

［4］HELANDER M G, SARA S J, DRURY C G, CARY J M, BURRI G. An ergonomic evaluation of office chairs［J］. Technology and People, 1987, 3（3）：247-263.

［5］彭波．铁道客车乘坐舒适性建模、仿真与虚拟实验研究［D］．中南大学，2010.

［6］李娟，徐伯初．系统设计观念下的高速列车座椅设计程序解析［J］．包装工程，2011，32（8）：30-33.

［7］铃木，浩明等．列车舒适度的评价［J］．国外铁道车辆，1999，（2）：26-32.

［8］肖艳荣．引进的高速列车座椅的结构及技术特点件［J］．铁道车辆，2008，46（9）：16-19.

［9］陈祥．高速铁路客车乘坐舒适度综合评价模型研究［D］．西南交通大学，2010.

［10］RICHARDS L G. On the Psychology of passenger comfort［J］. Human Factors in Transport Research, 1980, 2：15-23.

［11］LUEDER R K. Seat comfort：A review of the construct in the office environment［J］. Human Factors, 1983, 25（6）：701-711.

［12］BISHU R R, HALLBECK M S, RILEY M W, Stentz T L. Seating comfort and its relationship to spinal profile：A pilot study［J］. International Journal of Industrial Ergonomics, 1991, 8（1）：89-101.

［13］HELANDER M G, ZHANG L. Field studies of comfort and discomfort in sitting ［J］. Ergonomics, 1997, 40（9）: 895 – 915.

［14］ DE LOOZE M P, KUIJT – EVERS L F, VAN DIEËN J. Sitting comfort and discomfort and the relationships with objective measures ［J］. Ergonomics, 2003, 46（10）: 985 – 997.

［15］ Slater K. Human comfort ［M］. Springfield, IL: Thomas, 1985.

［16］ 罗仕鉴. 基于生物力学反应的驾驶舒适度研究 ［D］. 浙江大学, 2005.

［17］ Corlett E N. Human factors in the design of manufacturing systems ［J］. Human Factors, 1973, 15（1）: 105 – 110.

［18］ Shen W, Parsons K C. Validity and reliability of rating scales for seated pressure discomfort ［J］. International Journal of Industrial Ergonomics, 1997, 20（6）: 441 – 461.

［19］ FLOYD W F, ROBERTS D F. Anatomical and physiological principles in chair and table design ［J］. Ergonomics, 1958, 2（1）: 1 – 16.

［20］ HABSBURG S, MIDDENDORF L. What really connects in seating comfort? – studies of correlates of static seat comfort ［C］// SAE Paper 770247, 1977.

［21］ KAMIJO K, TSUJIMURA H, OBARA H, KATSUMATA M. Evaluation of seating comfort ［C］//SAE Paper 820761, 1982.

［22］ ZHANG L, HELANDER M G, DRURY C G. Identifying factors of comfort and discomfort in sitting ［J］. Human Factors, 1996, 38（3）: 377 – 389.

［23］ 陈小君, 林晓言. 铁路旅客期望与旅客满意关系研究 ［J］. 铁道学报, 2010, 32（4）: 23 – 26.

［24］ 张卫华. 高速列车顶层设计指标研究 ［J］. 铁道学报, 2012, 34（9）: 15 – 19.

［25］ 王海涌, 王晓明, 党建武. 基于模糊约简的高速列车舒适性综合评价 ［J］. 铁道学报, 2010, 32（5）: 98 – 102.

［26］ 刘岩, 杨冰, 叶贵鑫, 张常宾, 张晓娟. 高速铁路客车车内声品质客观参量与主观评价相关性分析 ［J］. 铁道学报, 2012, 34（12）: 35 – 39.

［27］ ANNETT J. Subjective rating scales: science or art? ［J］. Ergonomics, 2002, 45（14）: 966 – 987.

［28］ 杨钟亮, 孙守迁. 面向坐姿舒适性测试的人机工程仿真系统 ［J］. 计算机辅助设计与图形学学报, 2010, 22（2）: 2192 – 2196.

［29］LEE K S, FERRAIUOLO P, TEMMING J. Measuring seat comfort ［C］// SAE Paper 930105, 1993.

［30］CORLETT E N, BISHOP R P. A technique for assessing postural Discomfort ［J］. Ergonomics, 1976, 19 (2)：175 – 182.

［31］铃木, 浩明等. 振动舒适性的国际标准草案 ［J］. 国外铁道车辆, 2000, (1)：42 – 45.

［32］黄斌, 蒋祖华, 严隽琪. 汽车座椅系统动态舒适性的研究综述 ［J］. 汽车科技, 2001, (6)：13 – 16.

［33］俞展猷. 铁道车辆舒适性评价方法的发展与研究现状 ［J］. 铁道车辆, 2004, 42 (3)：1 – 7.

［34］CHEE F T, WEI C, FLORIS K, MATTHIAS R. Sleeping in sitting posture analysis of economy class aircraft passenger ［J］. Electronic Engineering and Computing Technology, 2010, 60：703 – 713.

［35］柴春雷. 基于驾驶姿势预测模型的人机工程设计技术研究 ［D］. 浙江大学, 2005.

［36］BRANTON P, GRAYSON G. An evaluation of train seats by observation of sitting behaviour ［J］. Ergonomics, 1967, 10 (1)：35 – 51.

［37］陆剑雄, 张福昌, 申利民. 坐姿理论与座椅设计原则及其应用 ［J］. 江南大学学报 (自然科学版), 2005, 4 (6)：620 – 625.

［38］王笃明, 王健, 葛列众. 肌肉疲劳的 sEMG 时频分析技术及其在工效学中的应用 ［J］. 航空医学与医学工程, 2003, 16 (5)：387 – 390.

［39］DEDERING Å, ODDSSON L, HAMRS – RINGDAHL K, NÉMETH G. Electromyography and ratings of lumbar muscle fatigue using a four – level staircase Protocol ［J］. Clinical Biomechanics, 2002, 17 (3)：171 – 176.

［40］LEE K S, WAIKER A M, WU L. Physical stress evaluation of microscope work using objective and subjective methods ［J］. International Journal of Industrial Ergonomics, 1988, 2 (3)：203 – 309.

［41］于江鸿, 基于体压分布的驾驶座椅舒适度研究 ［D］. 国防科学技术大学研究生院, 2008, 5.

［42］黄榕熙, 胡国清, 陈雄, 刘文艳. 人体压力分布测量技术的研究现状与发展综述 ［J］. 生命科学仪器, 2006, 4：10 – 15.

［43］徐明, 夏群生. 体压分布的指标 ［J］. 中国机械工程, 1997, 8 (1)：65 – 68.

［44］吴旭亭. 人体体压分布的测试与评价 ［D］. 清华大学, 1992.

［45］UENISHI K, FUJIHASHI K, IMAI H. A seat ride evaluation method for transient vibrations［C］//SAE Paper 2000 - 01 - 0641，2000.

［46］AHMADIAN M, SEIGLER T M, CLAPPER D, SPROUSE A. Alternative test method for long term dynamic effects of vehicle seat［C］//SAE Paper 2002 - 01 - 3082，2002.

［47］NIELS C C M Moes. Pressure distribution and ergonomics shape conceptualization［C］//International Design Conference - Design 2000, Dubrovnik, may 23 - 26，2000.

［48］DRUMMON D S, NARECHANIA R G, ROSENTHAL A N, BREED A L, LANGE T A, DRUMMOND D K. A study of pressure distributions measured during balanced and unbalanced sitting［J］. Journal of Bone and Joint Surgery，1982，64（7）：1034 - 1039.

［49］周敏. 座椅温觉特性与坐姿体压分布的实验研究［D］. 南京林业大学，2007.

［50］张鄂，洪军，梁建，李彦山，陈娟. 汽车人机接触界面体压分布的实验与评价研究［J］. 西安交通大学学报，2007，41（5）：538 - 542.

［51］ZENK R, FRANZ M, BUBB H, VINK P. Technical note：apine loading in automotive seating［J］. Applied Ergonomics，2012，43（2）：290 - 295.

［52］EKLUND J A E, CORLETT E N. Evaluation of spinal loads and chair design in seated work tasks［J］. Clinical Biomechanics，1987，2（1）：27 - 33.

［53］MICHEL D P, HELANDER M G. Effects of two types of chairs on stature change and comfort for individuals with healthy and herniated discs［J］. Ergonomics，1994，37（7）：1231 - 1244.

［54］苏树强，何峰，谭南林，焦凤川，徐趁肖. 现代高速列车座椅乘坐舒适性设计综述［J］. 铁道劳动安全卫生与环保，1999，26（4）：251 - 253.

［55］李宗密. 列车座椅摆放角度与晕车的人因分析［J］. 艺术与设计（理论），2008，（3）：162 - 164.

［56］JIANG Liangkui, ZHI Jinyi, LIU Feng. Color saturation preference of train's seat based on visual comfort［C］// International Conference on Industrial Engineering and Engineering Management. Changchun, China：IEEE，2011：2032 - 2035.

［57］安田滋. 车辆用座椅舒适度的评价［J］. 国外轨道车辆，1995，（1）：46 - 50.

［58］渡边，清一等．舒适性车辆座椅的开发［J］．国外机车车辆工艺，2010，（1）：38－44.

［59］SINGH L P. Investigation of comfort level and passenger seat design（side lower berth）in sleeper class coaches in indian train：an exploratory study［J］. International Journal of Manufacturing Technology and Management，2012，25（1）：45－49.

［60］JUNG E S, HAN S H, JUNG M, CHOE J. Coach design for the korean high－speed train：A systematic approach to passenger seat design and layout［J］. Applied Ergonomics，1998，29（6）：507－519.

［61］Branton P, GRAYSON G. An evaluation of train seat by observation of seating behavior［J］. Ergonomics，2007，10（1）：35－51.

［62］何峰，于印泉，谭南林，苏树强，徐趁肖．高速列车座椅乘坐舒适性设计［J］．劳动保护科学技术，1999，19（6）：52－55.

［63］国家标准局．GB/T 13059－91，客车乘客座椅尺寸规格［S］．北京：中国标准出版社．1991.

［64］TB 1755－86，硬座车座椅尺寸参数及技术条件［S］．北京：中国铁道出版社．1986.

［65］Wahba, M. A., & Bridwell, L. G. Maslow reconsidered：A review of research on the need hierarchy theory：Organizational Behavior and Human Performance，1976：212－240.

［66］李乐山等．设计调查［M］．北京：中国建筑工业出版社，2007.6

［67］范广进．行为分析方法及其在铁路运输安全管理中的应用研究［J］．中国铁路，2008，11：40－43.

［68］王颜芳．试析行为观察法的运用［J］．社会心理学，2010，25（111）：51：54.

［69］姚海，金烨，严隽琪．产品功能需求的定性及定量分析［J］．机械工程学报，2010，46（5）：191－198.

［70］王美清，唐晓青．产品设计中的用户需求与产品质量特征映射方法研究［J］．机械工程学报，2004，40（5）：136－140.

［71］演克武．基于需求预测的机型指派和评价研究［D］．南京航空航天大学，2010.

［72］国家标准局．GB10000－88. 中国成年人人体尺寸［S］．北京：中国标准出版社．1989.

［73］国家标准局．GB/T 1 3547－92 工作空间人体尺寸［S］．北京：

中国标准出版社 . 1993.

　　［74］周一鸣，毛恩荣 . 车辆人机工程学 ［M］. 北京：北京理工大学出版社，1999.

　　［75］丁玉兰 . 人机工程学 ［M］. 北京：北京理工大学出版社，2000. 2.

　　［76］潼本孝雄，藤伬英昭；成同社，译 . 色彩心理学 ［M］. 北京：科学技术文献出版社，1989.

　　［77］陈祥，徐伯初 . 高速列车氛围设计模式研究 ［J］. 中国铁路，2009，9：54 – 58.

　　［78］张艳河 . 基于视觉感知的产品品牌个性识别研究 ［D］. 浙江大学，2008.

　　［79］李学峰，杨万坤 . 我国城市轨道交通车辆技术现状和发展趋势 ［J］. 铁道机车车辆，2008，28 （S1）：125 – 126.

　　［80］支锦亦，徐伯初 . 铁路客车内部设计的发展趋势 ［J］. 中国铁路，2006，（02）：36 – 38.

　　［81］李乐 . 基于眼动实验的电脑主机面板设计评价体系研究 ［D］. 山东大学，2004：9 – 10.

　　［82］Lin Y C, Lai H H, Yeh C H. Consumer – oriented product form design based on fuzzy logic：a case study of mobile phones ［J］. International Journal of Industrial Ergonomics，2007，（6）：531 – 543.

　　［83］生鸿飞 . 基于 Fuzzy 模型的产品设计评价方法 ［J］. 机电产品开发与创新，2007，20 （4）：16 – 17.

　　［84］罗四维 . 人工神经网络的建造 ［M］. 北京：中国铁道出版社，1988：89 – 105.

　　［85］Shih – Wen Hsiao, H C huang. A Neural Network Based Approach for Product Form Design. Design Studies，200，23 （1）：67 – 84.

　　［86］李砚祖 . 设计新理念 – 感性工学 ［J］. 新美术，2003，（4）：20 – 25.

　　［87］Chitoshi Tanoue, Kenji Ishizaka, Mitsuo Nagamachi. Kansei Engineering：A study on perception of vehicle interior image. International Journal of Industrial Ergonomics，1997，19 （2）：115 – 128.

　　［88］Mitsuo Nagamachi. Kansei Engineering：A new ergonomic consumer – oriented technology for product development. International Journal of Industrial Ergonomics，1995，15 （1）：3 – 11.

　　［89］冯成志 . 眼动人机交互 ［M］. 苏州：苏州大学出版社，2010.

［90］冯成志，沈模卫. 视线跟踪技术及其在人机交互中的应用［J］. 浙江大学学报（理学版），2002，29（2）：225－231.

［91］刘超. 基于眼动研究的工程机械驾驶室内饰评价方法研究［D］. 山东大学，2010.

［92］Buswell，G. T. How People Look at Pictures［M］，Chicago：Univ. Chicago Press，1935.

［93］王福兴，田宏杰，申继亮. 场景知觉及其研究范式［J］. 心理科学进展，2009，17（2）：268－277.

［94］康廷虎，白学军. 真实情景知觉中注视控制的研究进展［J］. 西北师大学报（社会科学版），2008，45（4）：107－111.

［95］Jason S. Babcock. Eye Tracking Observers During Color Image Evaluation Tasks［D］. Rochester Institute of Technology，2002：4－5.

［96］王海燕，卞婷，薛澄岐. 基于眼动跟踪的战斗机显示界面布局的实验评估［J］. 电子机械工程，2011，27（6）：50－53.

［97］胡凤培，陈运超，葛列众. 页面标签和页面结构对视觉搜索策略的影响［J］. 人类工效学，2007，13（4）：4－7.

［98］王秋惠，杨爱惠，任成元. 基于视线追踪，产品设计感念可用性评价方法［J］. 人类工效学，2011，17（1）：55－59.

［99］Nagamachi M. Kansei Engineering：A New Ergonomic Consumer－oriented Technology for product Development. International Journal of Industrial Ergonomics，1995，15（1）：3－11.

［100］邝俊生，江平宇. 基于感性工学的产品客户化配置设计［J］. 计算机辅助设计与图形学学报，2007，19（2）：178－184.

［101］高瞩，吉晓民，郭魂等. 品牌产品造型设计中形态传承的分析与评价［J］. 中国机械工程，2011，22（11）：1341－1346.

［102］Akinori H，Takamasa S. A Kansei Engineering Approach to a Driver/vehicle System［J］. International Journal of Industrial Ergonomics，1995，15（1）：25－37.

［103］Tomio J，Kiyomi H. Application Studies to Car Interior of Kansei Engineering［J］. International Journal of Industrial Ergonomics，1997，19（2）：105－114.

［104］Rajkumar R，Michael G，Kieran K. User－centric Design and Kansei Engineering［J］. CIRP Journal of Manufacturing Science and Technology，2009，1（3）：172－178.

［105］国家标准局. GB/T 12985－91. 在产品设计中应用人体尺寸百

分位数的通则［S］．北京：中国标准出版社．1992.

　　［106］［美］sharon L. Lohr；金勇进译．抽样：设计与分析［M］．北京：中国统计出版社，2006. 8

　　［107］国家标准局．GB／T 5 703－1999．用于技术设计的人体测量基础项目［S］．北京：中国标准出版社．1999.

　　［108］庄燕子，蔡萍，周志峰，尹良勇．人体压力分布测量及其传感技术［J］．传感技术学报，2005，18（2）：313－317.

　　［109］NIELS C C M Moes. Variation in sitting pressure distribution and location of the points of maximum pressure with rotation of the pelvis, gender and body characteristics［J］. Ergonomics, 2007, 50（4）：536－561.

　　［110］KAZUSHIGE E, MICHAEL J. Factors affecting static seat cushion comfort［J］. Ergonomics, 2001, 44（10）：901－921.

　　［111］SEOKHEE N, SUNGHYUN L, HWA－SOON C, MIN K C. Evaluation of driver's discomfort and postural change using dynamic body pressure distribution［J］. Industrial Ergonomics, 2005, 35（12）：1085－1096.

　　［112］KORO U, KATSUNORI F, HITOSHI L. A seat ride evaluation method for transient vibrations［C］//SAE Tchnical Paper 2001－01－0641, 2001.

　　［113］支锦亦．基于视觉感性特征的列车色彩环境舒适性研究［D］．西南交通大学，2012.

　　［114］高爱香．纤维艺术肌理效果及技法表现［J］．西安工程大学，2007.

　　［115］钱珏，产品材料质感的语义研究［D］．江南大学，2006.

　　［116］李晓，从视觉层面研究室内装饰材料的表现与应用［D］．中央美术学院，2003.

　　［117］孙凌云，产品材料质感意向模型的建立及其应用［J］．浙江大学学报（工学版），2009，43（2）：283－289.

　　［118］袁修干，庄达民．人机工程［M］．北京：北京航空航天大学出版社，2002.

附录

附录1：视觉跟踪技术在座椅美学设计评价中的应用实验样本

1. 基于不同色调关系的实验刺激

实验刺激	样本	实验刺激	样本
（1）		（2）	
（3）		（4）	

2. 基于不同图底关系的实验刺激

实验刺激	样本	实验刺激	样本
（1）		（2）	
（3）		（4）	
（5）			

附录2：感性工学技术在座椅美学设计评价中的应用实验样本

序号	样本	序号	样本
（1）		（2）	
（3）		（4）	
（5）		（6）	

（续表）

序号	样本	序号	样本
（7）		（8）	
（9）		（10）	
（11）		（12）	

序号	样本	序号	样本
（13）		（14）	
（15）		（16）	
（17）		（18）	

序号	样本	序号	样本
（19）		（20）	
（21）		（22）	
（23）		（24）	

附录3：国内文献研究中的有关列车及客车座椅尺寸数据

名称	[1]	[2]	[3] VIP	[3] 一等	[3] 二等	[4]	[5]	[6] 公交车/客车	[6] 长途客车	[6] 旅游客车	[7]
座高	360~480	450	372~463	372~463	372~463	450	380~450	400~500	400~500	400~500	440
座宽	370~420 推荐400	500	458~486	450~480	425~468	500	380~480	单人：≥400 双人：≥800	单人：≥420 双人：≥860	单人：≥440 双人：≥900	二人：900 三人：1400
座深	360~390 推荐380	430	450~510	435~495	425~462	430	420~450	≥350	≥400	≥500	—
腰靠宽	320~340 推荐330	500	—	—	—	—	350~480	—	—	—	—
腰靠长	200~300 推荐250	—	500	—	—	—	—	—	—	—	—
腰靠厚	35~50 推荐40	—	—	—	—	—	—	—	—	—	—
腰靠高	165~210	—	—	—	—	—	—	—	—	—	—
靠背高	—	850	729~868	729~858	688~837	850	460~610	≥450	≥450	≥650	—
头枕高	—	—	—	—	—	700	—	—	—	—	—
座面倾角	0~5° 推荐3~4°	7°	5~15°	5~15°	5~15°	—	15~20°	3~7°	3~7°	3~7°	4°
腰靠倾角	95°~115° 推荐110°	95°~135° 推荐115	100~180°	100~135	100~125	—	103~112	93~97°	95~110°	95~110°	100°
扶手高	—	160	—	—	—	—	21~22	150~200	150~200	150~200	—

续表

名称	[1]	[2]	[3] VIP	[3] 一等	[3] 二等	[4]	[5]	[6] 公交车/客车	[6] 长途客车	[6] 旅游客车	[7]
前椅背到后座椅边	—	—	347~486	341~458	320~450	—	—	—	—	—	—
坐深到前椅背最大距离	—	—	797~1096	776~963	745~933	—	—	—	—	—	—
前后椅背距离	—	—	1195~2478	1096~1195	974~1100	—	—	—	—	—	≥1500

文献：

[1] 国家标准局.GB/T 14774-1993. 工作座椅一般人类工效学要求[S].北京：中国标准出版社.1993.

[2] 何峰，于印泉，谭雨林，苏树强，徐珍香. 高速列车座椅乘坐舒适性设计[J]. 劳动保护科学技术，1999,19(6):52—55.

[3] 陈祥. 高速铁路客车乘坐舒适度综合评价模型研究[D]. 西南交通大学，2010.

[4] 赵睿. 列车座椅的舒适化[J]. 内燃机车，2005,(4):5—6.

[5] 陆剑雄，张福昌，申利民. 坐姿理论与座椅设计原则及其应用[J]. 江南大学学报(自然科学版)，2005,4(6): 620—625.

[6] 国家标准局,GB/T 13059-91,客车乘客座椅尺寸规格[S]. 北京：中国标准出版社.1991

[7] TB 1755-86, 硬座车座椅尺寸参数及技术条件[S]. 北京：中国铁道出版社.1986.

附录4：尺寸重构/座椅曲面形态舒适度/坐垫硬度舒适度实验被试数据（单位：mm）

序号	性别	年龄	身高	体重/kg	肩宽	坐姿臀宽	坐高	坐姿颈椎点高	小腿加足高	座深
P01	男	28	1740	66	453	385	290	450	345	932
P02	女	54	1670	67	438	381	298	476	380	901
P03	女	28	1630	64	423	372	300	460	370	894
p04	女	29	1620	80	460	400	310	515	403	860
P05	女	24	1630	62	420	380	292	440	373	890
P06	女	24	1680	62	425	372	293	455	369	903
p07	男	23	1700	67.5	452	393	290	462	340	912
P08	男	24	1700	59	431	375	282	425	320	918
p09	男	25	1700	64	445	380	285	441	335	920
p10	男	25	1760	80	476	404	328	510	360	954
p11	女	25	1530	47	374	346	248	404	350	840
p12	女	25	1580	56	401	357	280	430	373	850
p13	男	28	1700	70	463	397	300	470	347	915
p14	女	23	1600	55	400	353	260	415	361	856
p15	男	25	1820	81	480	510	318	500	379	978
p16	男	28	1720	56	420	372	270	420	315	917
P17	男	29	1790	87	492	413	331	513	370	960
P18	女	30	1650	55.5	410	374	293	460	365	865
P19	男	40	1720	70	463	398	310	472	345	922
P20	男	33	1700	67	456	394	293	463	340	917
P21	男	24	1780	90	496	415	334	518	380	955
P22	男	28	1720	60	430	375	280	430	323	925
P23	男	28	1700	68	456	392	290	465	342	921

序号	性别	年龄	身高	体重/kg	肩宽	坐姿臀宽	坐高	坐姿颈椎点高	小腿加足高	座深
P24	女	26	1600	49	392	342	247	409	350	855
P25	男	26	1790	75	468	402	315	490	354	962
P26	男	38	1780	75	473	403	316	490	355	956
P27	男	21	1810	70	460	402	107	473	347	980
P28	男	23	1770	60	430	376	282	430	320	960
P29	男	22	1700	62.5	442	381	281	435	330	920
P30	女	21	1740	72	462	391	322	512	403	927
P31	女	21	1620	54	401	452	261	420	356	872
P32	女	21	1600	57	405	357	275	435	370	862
P33	女	21	1500	47	372	341	247	409	350	833
P34	男	22	1710	63	432	382	293	435	330	911
P35	女	21	1650	54	400	352	290	455	360	863
P36	男	25	1720	60	432	372	280	430	320	940
P37	女	21	1660	76	458	385	312	510	403	905
P38	女	32	1650	50	390	353	261	406	345	860
P39	女	22	1640	55	396	463	285	450	355	892
P40	女	21	1600	50	390	340	245	413	350	855
P41	女	24	1580	49	392	347	250	415	350	852
P42	女	21	1630	74	454	393	310	473	387	891
P43	男	23	1760	85	488	413	332	516	370	950
P44	男	23	1720	60	420	375	283	432	322	935
P45	男	23	1650	57	432	376	283	422	327	913
P46	女	21	1680	55	397	354	290	444	359	907
P47	女	21	1580	45	394	348	244	413	342	845
P48	女	23	1600	46	386	335	240	405	345	853

（续表）

序号	性别	年龄	身高	体重/kg	肩宽	坐姿臀宽	坐高	坐姿颈椎点高	小腿加足高	座深
P49	男	22	1780	65	451	386	287	452	336	960
P50	男	22	1640	58	430	377	281	423	324	909
P51	女	22	1650	55	400	360	285	455	350	886
P52	女	22	1650	53	391	354	284	452	350	882
P53	女	22	1610	55	395	352	260	417	360	860
P54	女	22	1670	60	421	376	285	440	372	915
P55	女	23	1620	60	420	374	280	446	365	880
P56	男	22	1770	65	442	383	286	462	342	955
P57	男	22	1800	66	453	387	294	460	340	970
P58	女	22	1650	49	390	351	265	410	345	875
P59	男	23	1750	60	433	376	300	432	321	940
P60	女	22	1580	43	387	342	243	405	340	855
P61	男	26	1750	78.5	440	405	315	510	360	900
P62	女	23	1640	55	397	360	290	455	370	899
P63	女	20	1650	60	430	370	287	457	360	892
P64	女	19	1700	50	392	351	275	400	345	910
P65	女	19	1650	52	391	350	272	390	362	880
P66	男	20	1790	65	441	385	302	457	334	955
P67	女	18	1600	55	400	350	266	415	365	855
P68	男	19	1770	77	473	405	314	500	370	945
P69	女	19	1700	60	411	373	280	432	360	895
P70	男	20	1750	65	453	461	290	465	345	925
P71	男	20	1710	50	415	350	265	382	302	915
P72	女	18	1680	52	410	351	291	410	331	912
P73	女	19	1630	45	387	345	275	400	340	890

（续表）

序号	性别	年龄	身高	体重/kg	肩宽	坐姿臀宽	坐高	坐姿颈椎点高	小腿加足高	座深
P74	男	18	1780	70	467	395	302	465	350	955
P75	女	28	1630	64	423	372	300	460	370	894
p76	男	23	1700	67.5	452	393	290	462	340	912
p77	女	25	1530	47	374	346	248	404	350	840
p78	男	25	1850	85	485	420	323	510	386	981
P79	男	40	1720	70	463	398	310	472	345	922
P80	男	28	1700	68	456	392	290	465	342	921
p81	男	28	1720	56	420	372	270	420	315	917
P82	女	24	1580	49	392	347	250	415	350	852
P83	男	21	1810	70	460	402	107	473	347	980
P84	女	21	1500	47	372	341	247	409	350	833
P85	女	32	1650	50	390	353	261	406	345	860
P86	女	26	1600	49	392	342	247	409	350	855
P87	男	23	1760	85	488	413	332	516	370	950
P88	男	23	1650	57	432	376	283	422	327	913
P89	女	22	1670	60	421	376	285	440	372	915
P90	男	22	1780	65	451	386	287	452	336	960
P91	女	22	1610	55	395	352	260	417	360	860
P92	男	23	1750	60	433	376	300	432	321	940
P93	女	21	1680	55	397	354	290	444	359	907
P94	女	23	1640	55	397	360	290	455	370	899
P95	男	20	1790	65	441	385	302	457	334	955
P96	女	19	1700	60	411	373	280	432	360	895
P97	女	19	1630	45	387	345	275	400	340	890

附录5：座椅人机尺寸参数优化实验主观评价问卷量表

（1）基本情况

性别：□男　□女　　年龄：＿＿＿岁　　身高：＿＿＿cm　　体重：＿＿＿kg

（2）座椅参数满意度评价

请根据您的乘坐感受及座椅参数图示提示，对以下不同座椅的尺寸参数进行满意度评分，在相应的方框内打"√"。满意程度从低到高依次为1到7分，如下图所示1分表示非常不满意，2分表示不满意，3分表示有点不满意，4分表示还可以，5分表示较满意，6分表示满意，7分表示非常满意。

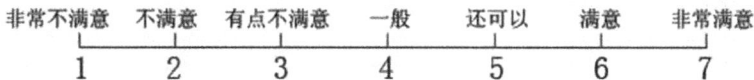

非常不满意	不满意	有点不满意	一般	还可以	满意	非常满意
1	2	3	4	5	6	7

请试坐第一组参数的座椅，并在分值括号内打分：

名称	非常不满意 1	不满意 2	有点不满意 3	一般 4	还可以 5	满意 6	非常满意 7
坐高	□	□	□	□	□	□	□
坐深	□	□	□	□	□	□	□
座宽	□	□	□	□	□	□	□
靠背高	□	□	□	□	□	□	□
靠背宽	□	□	□	□	□	□	□

请试坐第二组参数的座椅，并在分值括号内打分：

名称	非常不满意 1	不满意 2	有点不满意 3	一般 4	还可以 5	满意 6	非常满意 7
坐高	☐	☐	☐	☐	☐	☐	☐
坐深	☐	☐	☐	☐	☐	☐	☐
座宽	☐	☐	☐	☐	☐	☐	☐
靠背高	☐	☐	☐	☐	☐	☐	☐
靠背宽	☐	☐	☐	☐	☐	☐	☐

请试坐第三组参数的座椅，并在分值括号内打分：

名称	非常不满意 1	不满意 2	有点不满意 3	一般 4	还可以 5	满意 6	非常满意 7
坐高	☐	☐	☐	☐	☐	☐	☐
坐深	☐	☐	☐	☐	☐	☐	☐
座宽	☐	☐	☐	☐	☐	☐	☐
靠背高	☐	☐	☐	☐	☐	☐	☐
靠背宽	☐	☐	☐	☐	☐	☐	☐

请试坐第四组参数的座椅，并在分值括号内打分：

名称	非常不满意 1	不满意 2	有点不满意 3	一般 4	还可以 5	满意 6	非常满意 7
坐高	☐	☐	☐	☐	☐	☐	☐
坐深	☐	☐	☐	☐	☐	☐	☐
座宽	☐	☐	☐	☐	☐	☐	☐
靠背高	☐	☐	☐	☐	☐	☐	☐
靠背宽	☐	☐	☐	☐	☐	☐	☐

请试坐第五组参数的座椅，并在分值括号内打分：

名称	非常不满意 1	不满意 2	有点不满意 3	一般 4	还可以 5	满意 6	非常满意 7
坐高	☐	☐	☐	☐	☐	☐	☐
坐深	☐	☐	☐	☐	☐	☐	☐
座宽	☐	☐	☐	☐	☐	☐	☐
靠背高	☐	☐	☐	☐	☐	☐	☐
靠背宽	☐	☐	☐	☐	☐	☐	☐

以下三项请直接打分（同上，1 至 7 分）：

靠背倾角	90°	95°	100°	105°	110°	115°	120°
评分							
座间距	700	750	800	850	900	950	1000
评分							
容膝距	100	200	300	400			
评分							

附录6：不同曲面形态靠背及坐垫的舒适度评价问卷量表

按照人体部位示意图提示，请根据您的乘坐感受对您身体相应部位的舒适程度进行评分，在相应的方框内打"√"。舒适程度从低到高依次为1到7分：

非常不舒适	不舒适	有点不舒适	一般	还可以	舒适	非常舒适
1	2	3	4	5	6	7

请您试坐5组靠背，并在分值括号内为相应身体部位的舒适程度打分：

靠背一

名称	非常不舒适 1	不舒适 2	有点不舒适 3	一般 4	还可以 5	舒适 6	非常舒适 7
头部	☐	☐	☐	☐	☐	☐	☐
颈部	☐	☐	☐	☐	☐	☐	☐
肩顶	☐	☐	☐	☐	☐	☐	☐
肩胛骨处	☐	☐	☐	☐	☐	☐	☐
后背	☐	☐	☐	☐	☐	☐	☐
腰部	☐	☐	☐	☐	☐	☐	☐
靠背整体舒适度	☐	☐	☐	☐	☐	☐	☐

靠背二

名称	非常不舒适 1	不舒适 2	有点不舒适 3	一般 4	还可以 5	舒适 6	非常舒适 7
头部	☐	☐	☐	☐	☐	☐	☐
颈部	☐	☐	☐	☐	☐	☐	☐
肩顶	☐	☐	☐	☐	☐	☐	☐
肩胛骨处	☐	☐	☐	☐	☐	☐	☐
后背	☐	☐	☐	☐	☐	☐	☐
腰部	☐	☐	☐	☐	☐	☐	☐
靠背整体舒适度	☐	☐	☐	☐	☐	☐	☐

靠背三

名称	非常不舒适 1	不舒适 2	有点不舒适 3	一般 4	还可以 5	舒适 6	非常舒适 7
头部	☐	☐	☐	☐	☐	☐	☐
颈部	☐	☐	☐	☐	☐	☐	☐
肩顶	☐	☐	☐	☐	☐	☐	☐
肩胛骨处	☐	☐	☐	☐	☐	☐	☐
后背	☐	☐	☐	☐	☐	☐	☐
腰部	☐	☐	☐	☐	☐	☐	☐
靠背整体舒适度	☐	☐	☐	☐	☐	☐	☐

靠背四

名称	非常不舒适 1	不舒适 2	有点不舒适 3	一般 4	还可以 5	舒适 6	非常舒适 7
头部	☐	☐	☐	☐	☐	☐	☐
颈部	☐	☐	☐	☐	☐	☐	☐
肩顶	☐	☐	☐	☐	☐	☐	☐
肩胛骨处	☐	☐	☐	☐	☐	☐	☐
后背	☐	☐	☐	☐	☐	☐	☐
腰部	☐	☐	☐	☐	☐	☐	☐
靠背整体 舒适度	☐	☐	☐	☐	☐	☐	☐

靠背五

名称	非常不舒适 1	不舒适 2	有点不舒适 3	一般 4	还可以 5	舒适 6	非常舒适 7
头部	☐	☐	☐	☐	☐	☐	☐
颈部	☐	☐	☐	☐	☐	☐	☐
肩顶	☐	☐	☐	☐	☐	☐	☐
肩胛骨处	☐	☐	☐	☐	☐	☐	☐
后背	☐	☐	☐	☐	☐	☐	☐
腰部	☐	☐	☐	☐	☐	☐	☐
靠背整体 舒适度	☐	☐	☐	☐	☐	☐	☐

坐垫一

名称	非常不舒适 1	不舒适 2	有点不舒适 3	一般 4	还可以 5	舒适 6	非常舒适 7
臀部	☐	☐	☐	☐	☐	☐	☐
坐骨结节	☐	☐	☐	☐	☐	☐	☐
大腿根部	☐	☐	☐	☐	☐	☐	☐
大腿	☐	☐	☐	☐	☐	☐	☐
小腿	☐	☐	☐	☐	☐	☐	☐
脚部	☐	☐	☐	☐	☐	☐	☐
坐垫整体 舒适度	☐	☐	☐	☐	☐	☐	☐

坐垫二

名称	非常不舒适 1	不舒适 2	有点不舒适 3	一般 4	还可以 5	舒适 6	非常舒适 7
臀部	☐	☐	☐	☐	☐	☐	☐
坐骨结节	☐	☐	☐	☐	☐	☐	☐
大腿根部	☐	☐	☐	☐	☐	☐	☐
大腿	☐	☐	☐	☐	☐	☐	☐
小腿	☐	☐	☐	☐	☐	☐	☐
脚部	☐	☐	☐	☐	☐	☐	☐
坐垫整体 舒适度	☐	☐	☐	☐	☐	☐	☐

坐垫三

名称	非常不舒适 1	不舒适 2	有点不舒适 3	一般 4	还可以 5	舒适 6	非常舒适 7
臀部	☐	☐	☐	☐	☐	☐	☐
坐骨结节	☐	☐	☐	☐	☐	☐	☐
大腿根部	☐	☐	☐	☐	☐	☐	☐
大腿	☐	☐	☐	☐	☐	☐	☐
小腿	☐	☐	☐	☐	☐	☐	☐
脚部	☐	☐	☐	☐	☐	☐	☐
坐垫整体 舒适度	☐	☐	☐	☐	☐	☐	☐

坐垫四

名称	非常不舒适 1	不舒适 2	有点不舒适 3	一般 4	还可以 5	舒适 6	非常舒适 7
臀部	☐	☐	☐	☐	☐	☐	☐
坐骨结节	☐	☐	☐	☐	☐	☐	☐
大腿根部	☐	☐	☐	☐	☐	☐	☐
大腿	☐	☐	☐	☐	☐	☐	☐
小腿	☐	☐	☐	☐	☐	☐	☐
脚部	☐	☐	☐	☐	☐	☐	☐
坐垫整体 舒适度	☐	☐	☐	☐	☐	☐	☐

坐垫五

名称	非常不舒适 1	不舒适 2	有点不舒适 3	一般 4	还可以 5	舒适 6	非常舒适 7
臀部	□	□	□	□	□	□	□
坐骨结节	□	□	□	□	□	□	□
大腿根部	□	□	□	□	□	□	□
大腿	□	□	□	□	□	□	□
小腿	□	□	□	□	□	□	□
脚部	□	□	□	□	□	□	□
坐垫整体 舒适度	□	□	□	□	□	□	□

坐垫六

名称	非常不舒适 1	不舒适 2	有点不舒适 3	一般 4	还可以 5	舒适 6	非常舒适 7
臀部	□	□	□	□	□	□	□
坐骨结节	□	□	□	□	□	□	□
大腿根部	□	□	□	□	□	□	□
大腿	□	□	□	□	□	□	□
小腿	□	□	□	□	□	□	□
脚部	□	□	□	□	□	□	□
坐垫整体 舒适度	□	□	□	□	□	□	□

坐垫七

名称	非常不舒适 1	不舒适 2	有点不舒适 3	一般 4	还可以 5	舒适 6	非常舒适 7
臀部	☐	☐	☐	☐	☐	☐	☐
坐骨结节	☐	☐	☐	☐	☐	☐	☐
大腿根部	☐	☐	☐	☐	☐	☐	☐
大腿	☐	☐	☐	☐	☐	☐	☐
小腿	☐	☐	☐	☐	☐	☐	☐
脚部	☐	☐	☐	☐	☐	☐	☐
坐垫整体舒适度	☐	☐	☐	☐	☐	☐	☐

附录7：不同形面坐垫的体压分布热图

坐垫	S1	S2	S3	S4
P1				
P2				
P3				
P4				
P5				
P6				

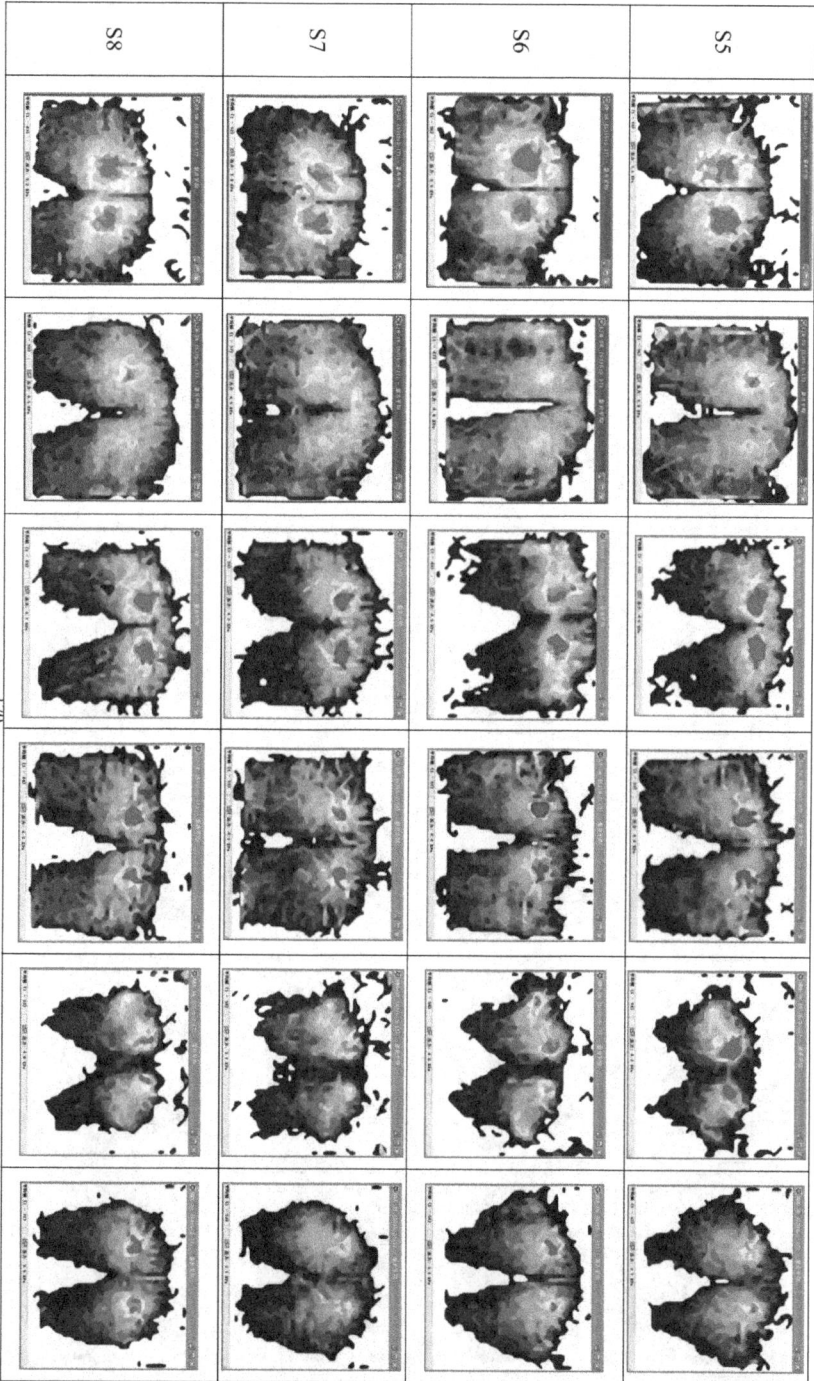

S8	S7	S6	S5

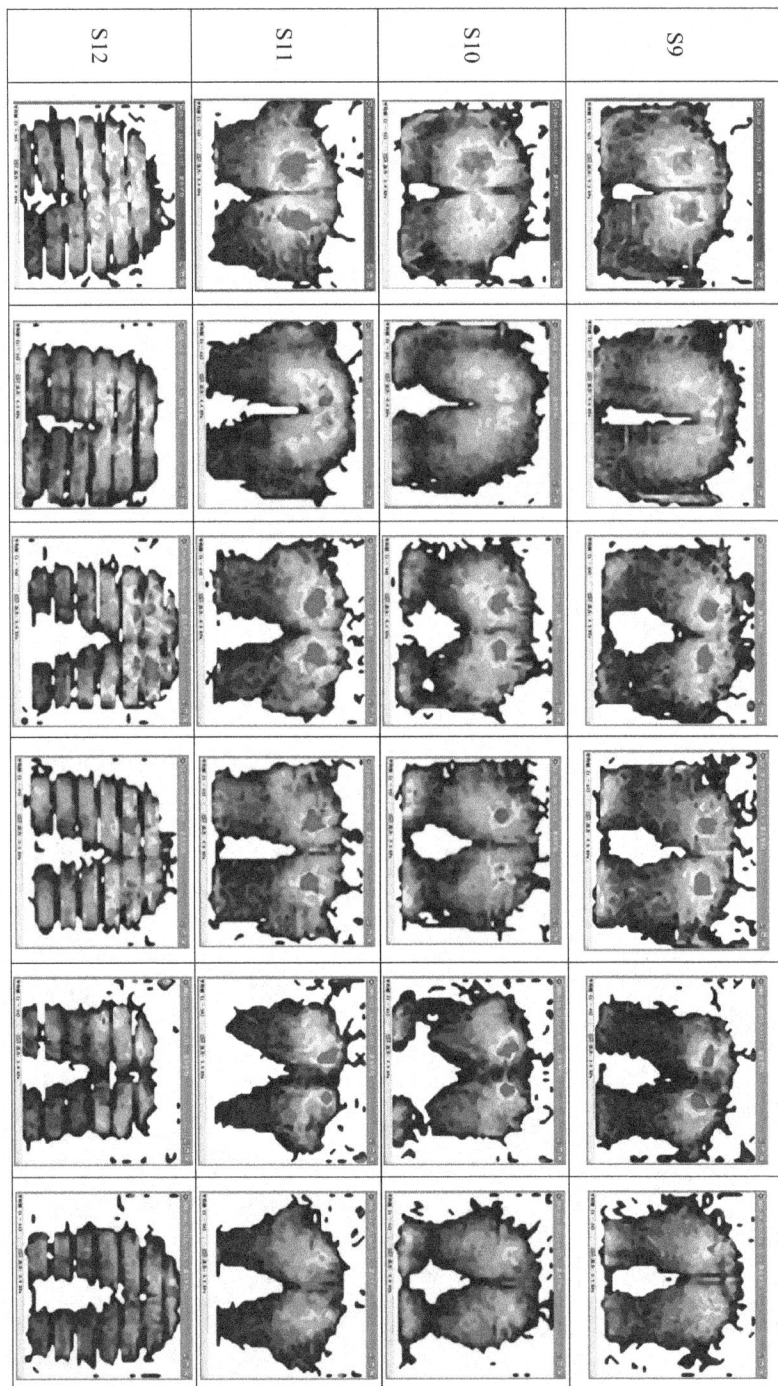

S12	S11	S10	S9